Rolf Breiter / Karsten Paul

Geschichte handlungsorientiert: Vorzeit und Antike

Arbeitsblätter und Lernzielkontrollen

5./6. Klasse

PERSEN

Die Autoren:

Rolf Breiter arbeitet als Förderschullehrer und ist Hauptseminarleiter am Studienseminar Hannover. Er ist Mitglied der Kommission „Abschlussarbeiten Mathematik Hauptschule“.

Karsten Paul ist Förderschullehrer und Mitglied der Kommission „Kerncurriculum Geschichte Hauptschulen“.

Gedruckt auf umweltbewusst gefertigtem, chlorfrei gebleichtem
und alterungsbeständigem Papier.

5. Auflage 2020

Grafik: Marion El-Khalafawi, Heinritz Möller, Barbara Gerth, Bodo Müller, Malte Müller, Robert Gunkel, Christa Claessen, Elisabeth Lottermoser, Stefan Heß, Oliver Wetterauer, Claudia Bauer, Ingrid Hecht, Antonia Selzer
Satz: Verlags- und Medienservice dtp-design, Ebsdorfergrund

ISBN 978-3-403-23110-3

www.persen.de

Inhaltsverzeichnis

Inhaltsverzeichnis

Vorwort

Geschichte handlungsorientiert lehnt sich eng an die Struktur der Kerncurricula an und ermöglicht den Erwerb von gesichertem Verfügungs- und Orientierungswissen. Die hier vorliegenden Kopiervorlagen umfassen als erster Band die wichtigsten Themenbereiche aus Vorzeit und Antike. Unter dem Motto „Geschichte erleben und nachempfinden“ setzen sich die Lernenden mit historischen Veränderungen auseinander und erfahren dadurch, was Menschen im Altertum und in der Antike getan, erlebt und erlitten haben.

Geschichtsunterricht in leistungsheterogenen Lerngruppen erfordert strukturierte, motivierende Materialien mit einem übersichtlichen Textteil und klaren Anregungen zur handlungsorientierten Erarbeitung historischen Wissens, die für den Lehrenden ohne erheblichen Mehraufwand nutzbar sind. Diesem Anspruch versucht *Geschichte handlungsorientiert* gerecht zu werden. Der inhaltliche und methodische Aufbau der Materialien berücksichtigt inhalts- wie prozessbezogene Kompetenzen. Fachspezifische Methoden und Verfahren werden eingeübt und von den Schülerinnen und Schülern genutzt, um Erkenntnisse zu gewinnen.

Den Themenbereichen vorangestellt wird im Einstiegskapitel die Auseinandersetzung mit fachwissenschaftlichen Methoden zum Erkenntnisgewinn. Damit rückt hier die Frage nach der Herkunft des heutigen historischen Wissens in den Fokus. Im Sinne eines entdeckenden handlungsorientierten Unterrichts gewinnen die Schülerinnen und Schüler einen Einblick in die Arbeitsweise von Archäologen.

Durch die Auseinandersetzung mit dem Leben der Menschen in Vorgeschichte und Antike gelangen sie zu der Erkenntnis, dass gesellschaftlich-technologischer Wandel Auswirkungen auf die Lebensumstände der Menschen ihrer Zeit hat, wie sich zum Beispiel an der Entwicklung altsteinzeitlicher Jäger und Sammler zu Ackerbauern und Viehzüchtern in der Jungsteinzeit verdeutlichen lässt. Sie erkennen die Abhängigkeit der Menschen von der Natur, durch die bestimmte Arbeits- und Lebensbedingungen determiniert werden, wie zum Beispiel durch die Nilüberschwemmung, und erfahren, dass die Begegnung fremder Kulturen das eigene Leben beeinflusst und dass es schon in frühen Zeiten Staatswesen mit hierarchischem Aufbau und demokratischen Ansätzen gab.

Die auf der Basis einer handlungs- und erlebnisorientierten Konzeption angelegten Kopiervorlagen streben eine produktive und problemlösende Auseinandersetzung mit historischen Inhalten an. Motivierende Arbeitsmaterialien mit klar strukturierten Instruktionen und einfachen Handlungsanleitungen in Schrift und Bild sind hinsichtlich einer selbstständigen Bearbeitung förderlich und bringen auch leistungsschwächere Schülerinnen und Schüler zu sichtbar positiven Ergebnissen.

Neben Kopiervorlagen zur Erarbeitung historischer Kontexte werden Quiz-Fragen und Lernzielkontrollen zur Ergebnissicherung auf der beiliegenden CD angeboten. Diese sind so aufgebaut, dass die Schülerinnen und Schüler sie eigenständig in Einzel-, Partner- oder Gruppenarbeit lösen können. Da die Lernzielkontrollen editierbar im Word-Format gestaltet sind, können sie ohne erheblichen Mehraufwand individuell zusammengestellt und damit differenziert eingesetzt werden.

AB 1

Spurensuche – Historisches Wissen	Name: ______________________ Datum: ______________________	

Forscher bei der Arbeit

Forscher suchen im Boden nach versteckten Spuren unserer Vorfahren. So erfahren wir von dem Leben der Menschen in längst vergangenen Zeiten. An einer Fundstelle werden in mühsamer Kleinarbeit die Erdschichten untersucht. Forscher, die Ausgrabungen durchführen, heißen Archäologen oder Altertumsforscher.

1. Wo befinden sich die Arbeitsgeräte der Archäologen? Setze die entsprechenden Buchstaben ein.

A: Höhenmessgerät – **B:** Eimer für Aushub – **C:** Schaufel – **D:** Zeichenbrett – **E:** Maurerkelle – **F:** Zollstock – **G:** Sieb – **H:** Maßband – **I:** Fotoapparat – **J:** Fundliste, Notizbuch – **K:** Korb mit Fundstücken – **L:** Plaketten zur Kennzeichnung – **M:** Messrahmen für die Planzeichnung

Rolf Breiter/Karsten Paul: Geschichte handlungsorientiert: Vorzeit und Antike

AB 2

Spurensuche – Historisches Wissen	Name: ______________ Datum: ______________	

An der Grabungsstätte

1. Betrachte die Fundstätte genau. Archäologen haben hier verschiedene Gegenstände gefunden. Findest du alle? Male sie aus.

2. Wie heißen die Gegenstände? Schreibe auf. Die Silben helfen dir dabei.

Beil – chel – del – Faust – Har – Kno – Helm – keil – Mes – Na – ne – pu – Schwert – chen – ser – Si

1. ______________
2. ______________
3. ______________
4. ______________
5. ______________
6. ______________
7. ______________
8. ______________

AB 3

Spurensuche – Historisches Wissen	Name: ______________________ Datum: ______________________	

Ausgrabungsfunde in Rasterpläne einzeichnen

In Planzeichnungen werden Fundstücke von den Archäologen genau markiert.

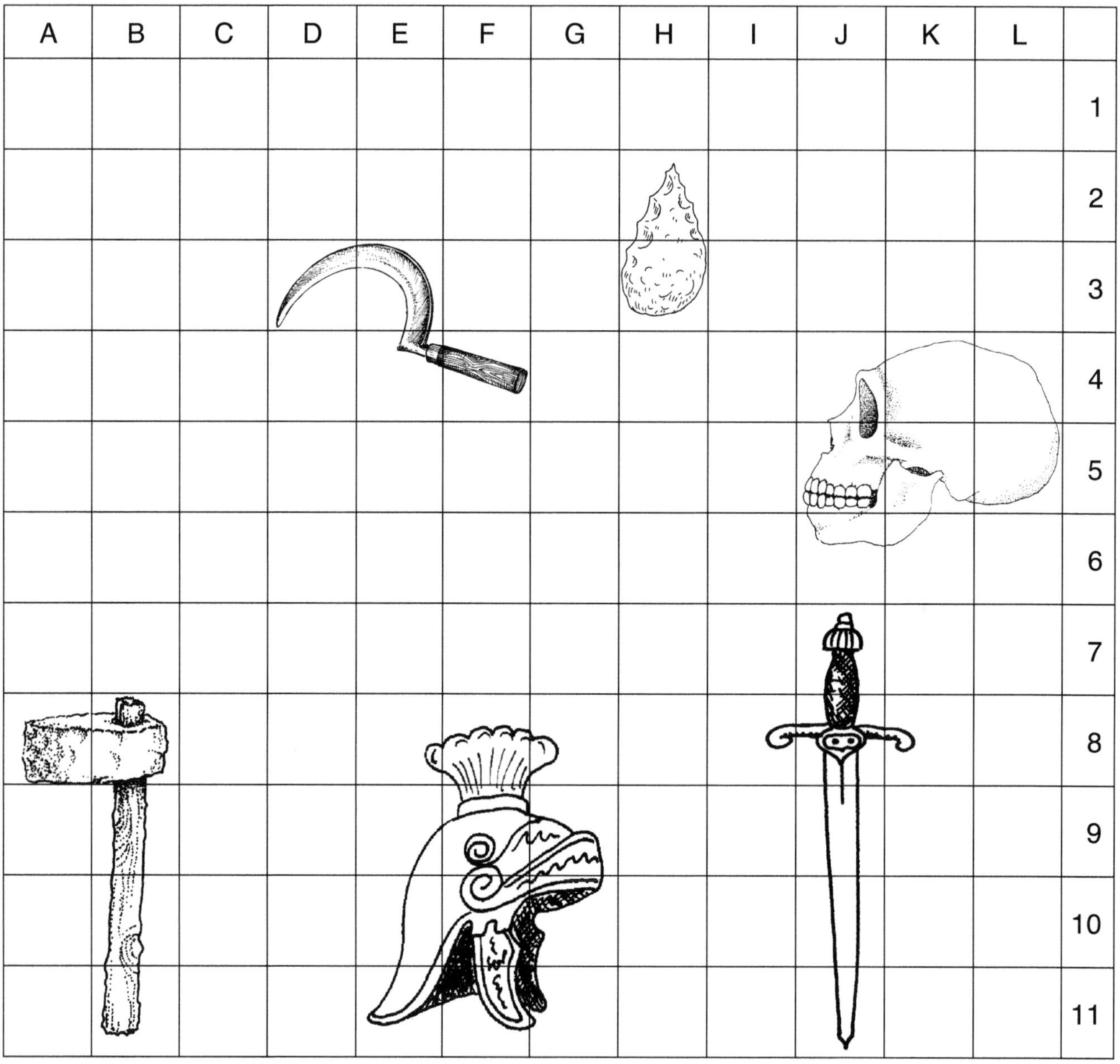

1. Schreibe die Koordinaten der Fundstücke auf.

Faustkeil: *H2, H3* Steinaxt: ______________ Sichel: ______________

Helm: ______________ Schwert: ______________ Schädel: ______________

2. Zeichne folgende Fundstücke selbst in den Plan ein.

Schale: *E6–G6* Dolch: *K2, K3*

Pfeilspitze: *B2, B3* Knochen: *A6–C6*

Spurensuche – Historisches Wissen	Name: ______________________ Datum: ______________________	

Fundbericht

Archäologen fertigen bei ihrer Arbeit Fundberichte an. Darin halten sie fest, welche Gegenstände sie ausgegraben haben.

1. Erstelle einen eigenen Fundbericht. Wähle dazu einen Gegenstand aus dem Geschichtsbuch oder recherchiere im Internet.

Fundbericht	**Fundort/Gemeinde/Adresse:**
Art des Fundes ❑ Waffe ❑ Knochen/Skelett ❑ Werkzeug ❑ ______________________	**Alter des Fundes:** ❑ 50 Jahre ❑ 2000 Jahre ❑ 100 Jahre ❑ 5000 Jahre ❑ 500 Jahre ❑ 10 000 Jahre ❑ 1000 Jahre ❑ noch älter
Aus welchem Material besteht das Fundstück? ❑ Holz ❑ Stein ❑ Knochen ❑ Papier ❑ Glas ❑ Keramik ❑ Metall ❑ ______________________	**Größe des Fundstücks:** Länge: ________ cm Breite: ________ cm Tiefe: ________ cm

Zeichnung/Foto:

Welchem Zweck hat das Fundstück gedient?

____

____

____

AB 5

Spurensuche – Historisches Wissen	Name: ______ Datum: ______	

Der Schädelfund

Forscher haben bei Ausgrabungen Teile von zwei Schädeln freigelegt.
Schneide die Einzelteile aus und setze sie zusammen.

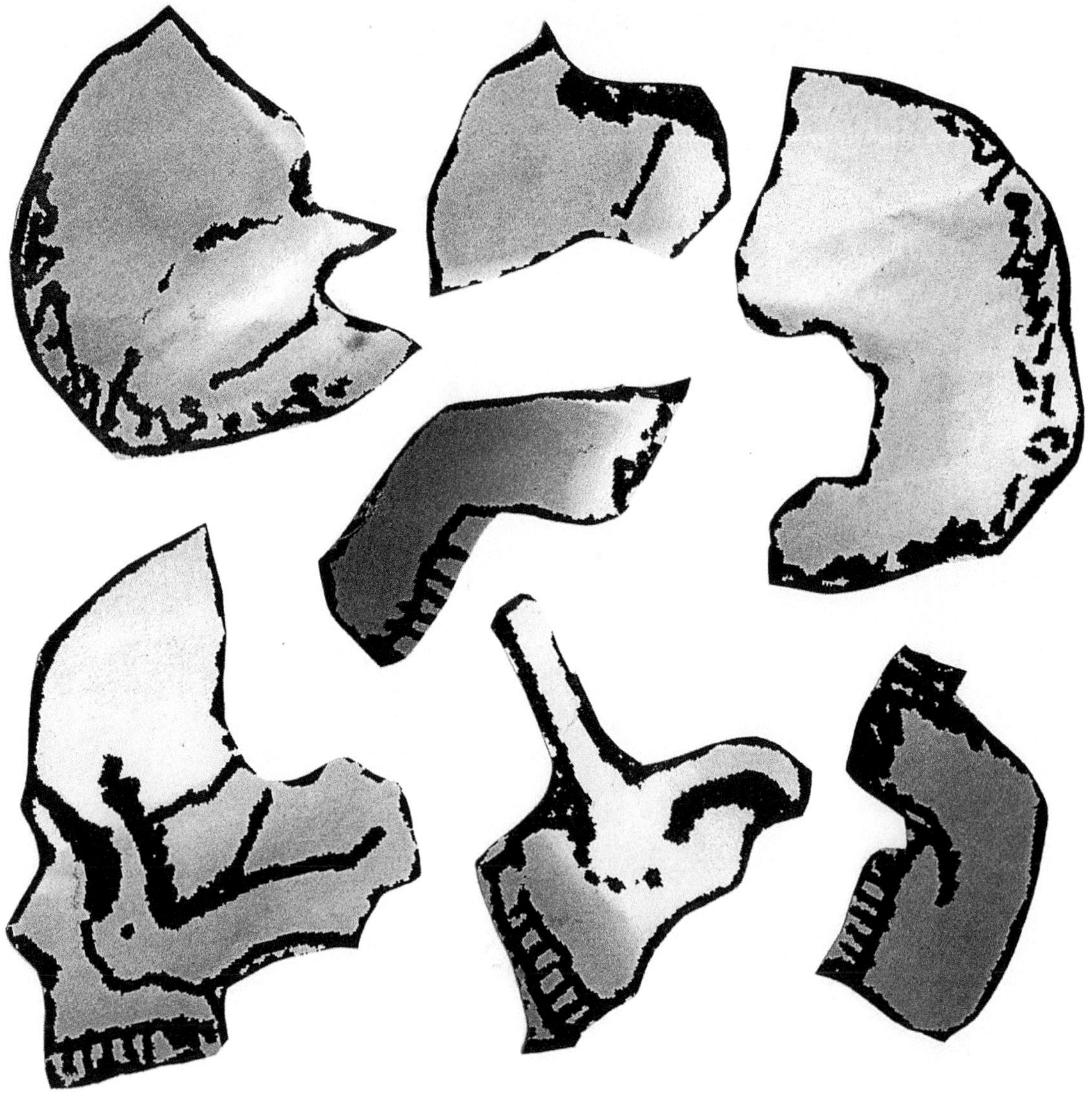

Im Museum werden die Schädel untersucht und zeitlich eingeordnet.

1. Ordne den beiden Schädeln jeweils das richtige Infoschild zu.

Schädel eines Neandertalers

Alter: über 100 000 Jahre

Merkmale:

- Lang und flach nach hinten fallende Form
- Wülste über den Augen
- Nach vorn springende Mundpartie

Schädel eines Menschen von heute:

Alter: etwa 300 Jahre

Merkmale:

- Steile, hohe Stirn
- Schwache Über-Augen-Bögen
- Ebene Mundpartie / deutlicher Kinnansatz

AB 6

Spurensuche – Historisches Wissen

Name: ______________________

Datum: ______________________

Nach der Ausgrabung

Ausgrabungsfunde verraten Geheimnisse der Vergangenheit. Archäologen können sie jedoch nicht allein auswerten. Mineralogen, Geologen und Paläontologen helfen ihnen dabei.

1. Schlage in einem Lexikon nach und schreibe die Bedeutung dieser Begriffe auf:

Mineraloge:	*Paläontologe:*	*Geologe:*
______________	______________	______________
______________	______________	______________

2. Welcher Fund ist auf dem Foto abgebildet? Beschreibe.

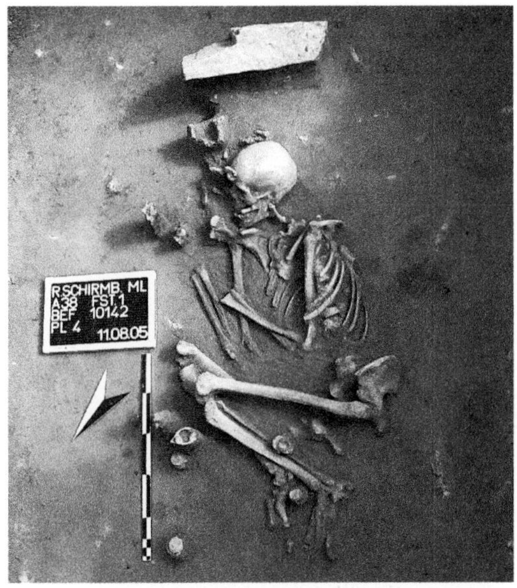

____

____

____

____

____

____

Wichtige Funde werden in Museen aufbewahrt und den Besuchern dort gezeigt. Oft präsentiert man sie dort in einem gemeinsamen Zusammenhang, wie z. B. einer Jagdszene.

3. Was wird in dieser Ausstellung gezeigt?

____

____

4. Was geschieht mit den Grabungsfunden?

____

____

____

AB 1

Jäger und Sammler – Die Altsteinzeit

Name: ______________________________

Datum: ______________________________

Vorwissen und Fragen zum Thema

1. Was weißt du schon? Notiere deine Ideen zum Thema „Jäger und Sammler – Die Altsteinzeit“ in den Gedankenblasen.

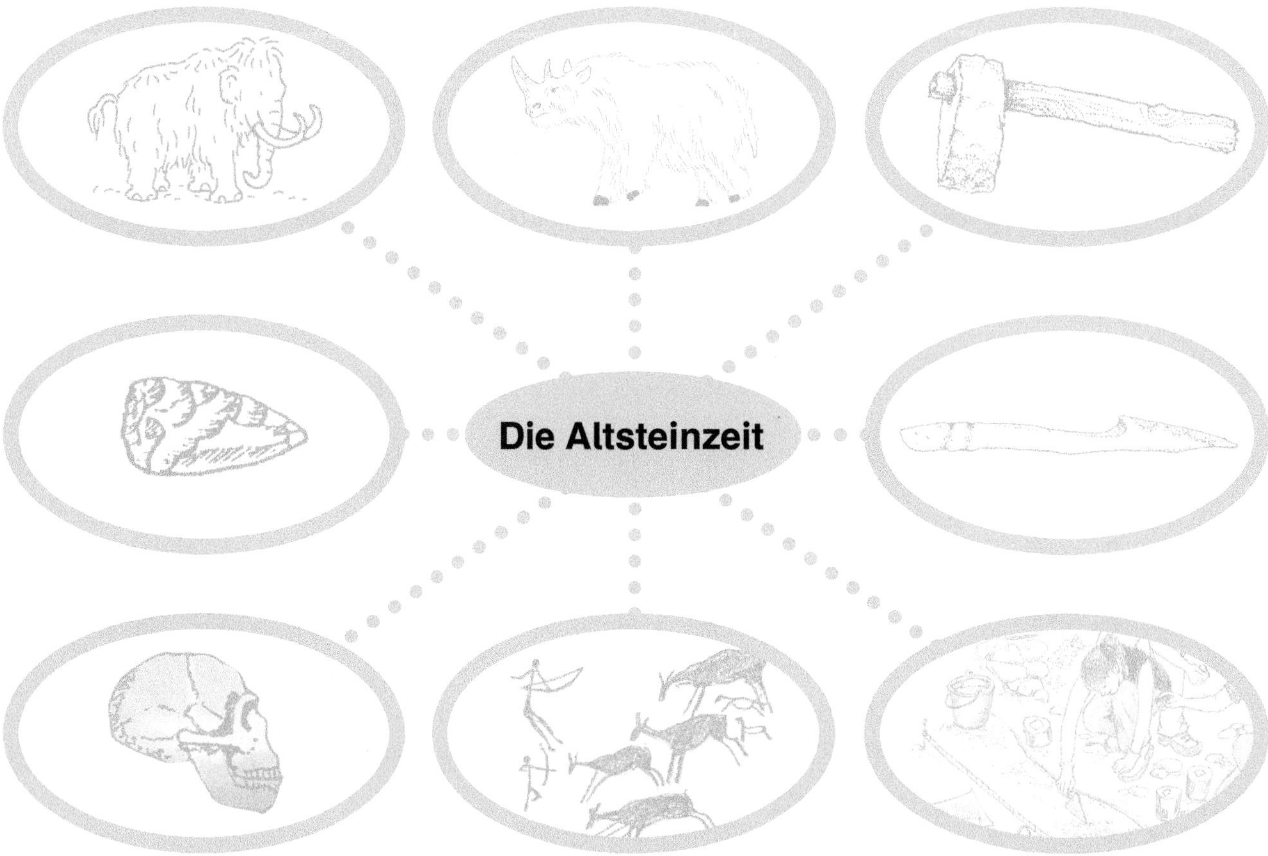

2. Was möchtest du erfahren? Formuliere Fragen zum Thema.

- *Konnten die Jäger und Sammler der Steinzeit lesen* ?
- ______________________________ ?
- ______________________________ ?
- ______________________________ ?
- ______________________________ ?
- ______________________________ ?

AB 2

Jäger und Sammler – Die Altsteinzeit	Name: ______________________ Datum: ______________________	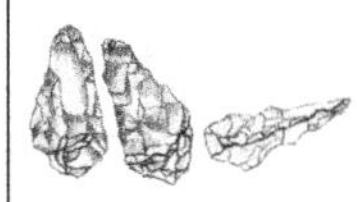

Knochen-Puzzle

Forscher haben in einer Höhle in der Schwäbischen Alb diese Knochen gefunden.
Wem mögen sie gehört haben?

1. Schneide die Knochen aus.

2. Setze das Skelett passend zusammen. Welches Tier könnte das gewesen sein?

____

3. Klebe das ganze Skelett auf ein Blatt Papier.

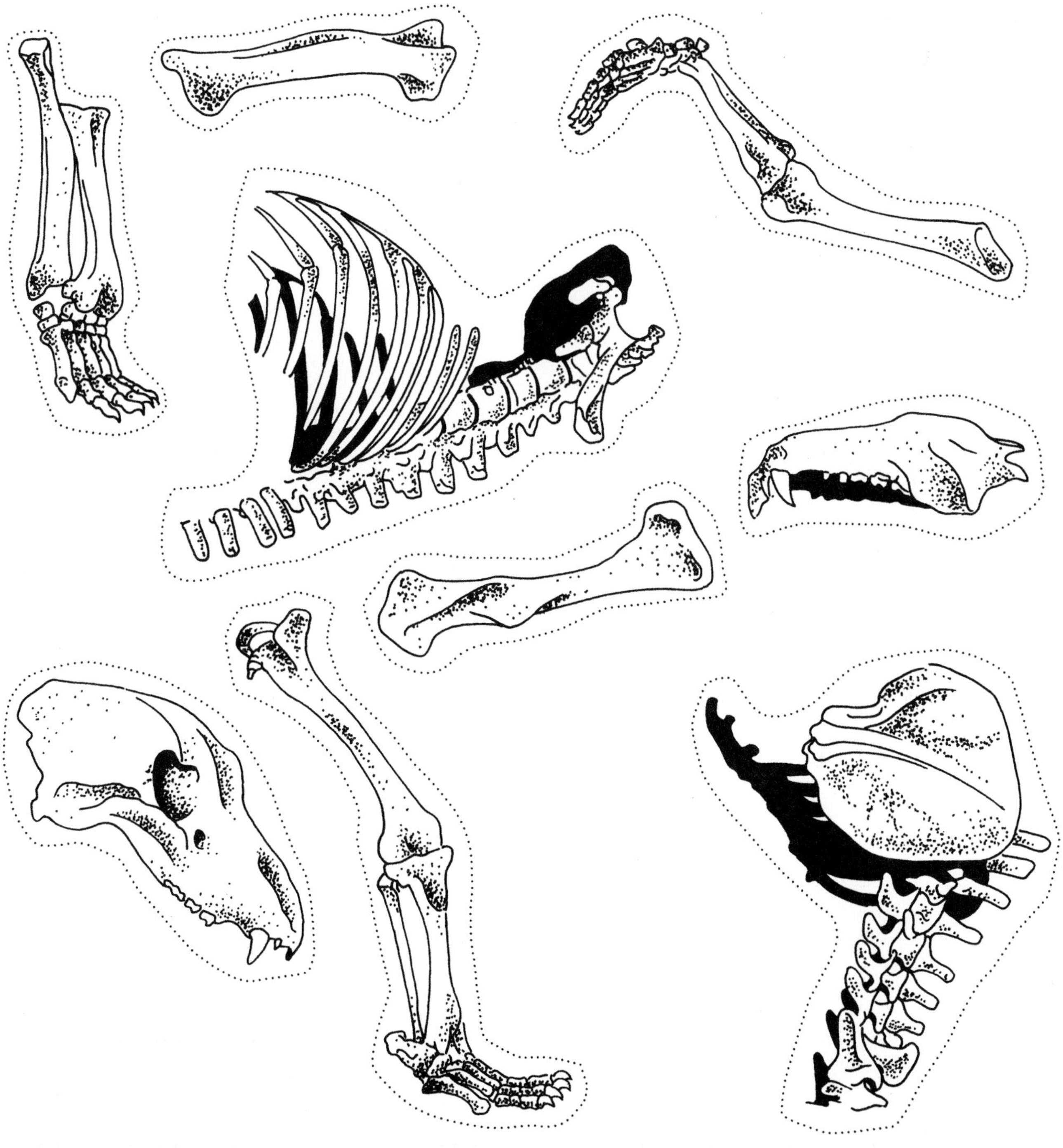

Jäger und Sammler – Die Altsteinzeit | Name: ________________ | Datum: ________________

Tiere der Eiszeit

1. Schneide die Tiere und die Texte aus. Ordne den Tieren jeweils einen Text zu. Klebe den Text in den Standfuß.

Fell und Speckschicht schützten das Mammut vor der Kälte. Nach der Eiszeit ist das Mammut ausgestorben.

Höhlenbären waren etwas größer als die Bären von heute. Sie suchten oft in Höhlen Schutz vor der Kälte. Warum sie ausgestorben sind, ist unbekannt.

Rentiere gibt es noch heute. Sie waren eine wichtige Jagdbeute für die Jäger der Steinzeit.

Wollnashörner hatten eine Schulterhöhe von 2 Metern. Sie waren Pflanzenfresser. Nach der Eiszeit sind sie ausgestorben.

Während der Eiszeit waren Moschusochsen in Nordeuropa weit verbreitet. Heute gibt es wenige Herden im Polargebiet.

Riesenhirsche hatten eine Größe von über 2 Metern. Das mächtige Geweih hatte eine Spannweite von bis zu 4 Metern.

AB 4

Jäger und Sammler – Die Altsteinzeit	Name: ______________________ Datum: ______________________	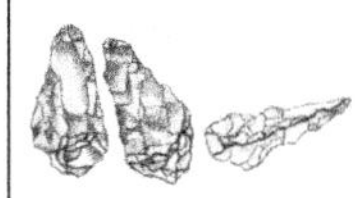

Werkzeuge der Steinzeitmenschen

1. Ordne den Werkzeugen die entsprechenden Begriffe zu.

Faustkeil – Schaber – Bohrer – Stoßlanze – Knochenharpune – Geröllsteine – Messerklinge

2. Woraus sind die Werkzeuge hergestellt? Male in verschiedenen Farben aus.

Knochen (gelb) Holz (braun) Stein (grau)

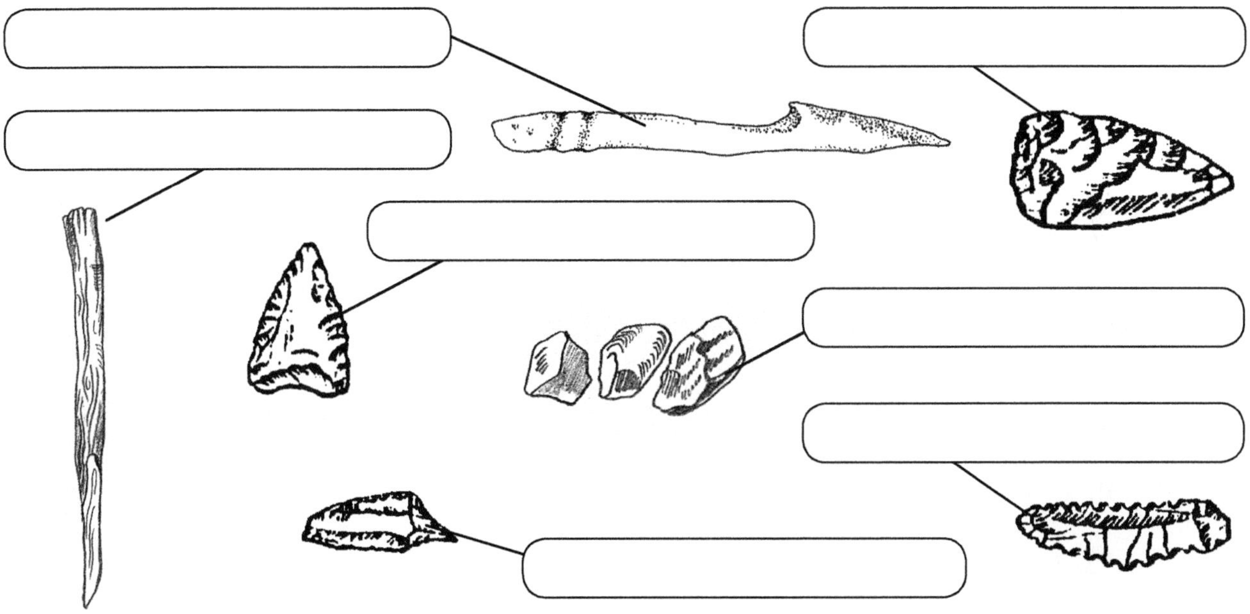

3. So wurde eine Knochennadel hergestellt. Ordne die richtigen Arbeitsschritte zu.

Vorsichtig wird ein Loch in das Ende der Nadel gebohrt. – Der Knochen wird mit einem scharfen Feuerstein eingeritzt. – Die Nadel wird auf einem Stein spitz und glatt geschliffen. – Aus dem Knochen wird ein Span herausgehoben.

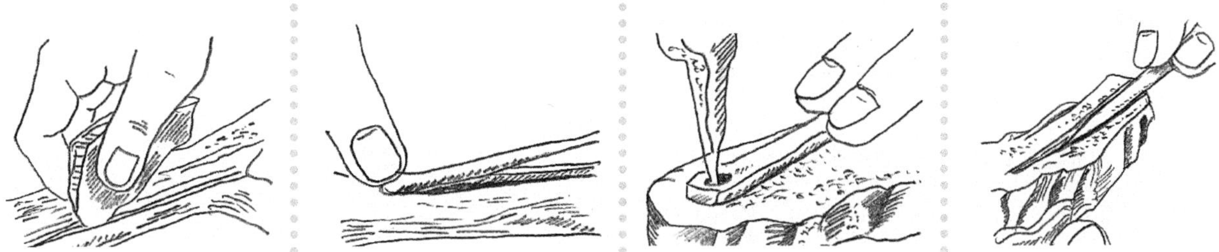

____________	____________	____________	____________
____________	____________	____________	____________
____________	____________	____________	____________
____________	____________	____________	____________

AB 5

Jäger und Sammler – Die Altsteinzeit	Name: ____________ Datum: ____________	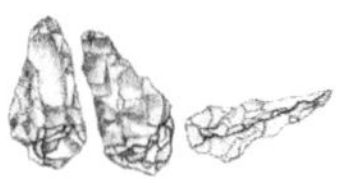

Nach der Jagd

Wenn die Jäger der Eiszeit ein Jagdtier erlegt hatten, verwerteten sie alle Teile. Knochen, Fell und Sehnen wurden so zum wichtigen Rohstoff.

1. Wie wurden die Teile eines Jagdtieres verwertet? Ordne die Begriffe zu.

Schnüre – Lanzenspitze – Nähgarn – Kleidung – Angelhaken – Schuhe – Zelte – Nähnadeln – Harpune – Lanzenspitze – Kamm – Schaufel – Harpune – Tasche – Behälter – Schaber – Nähnadeln – Kamm – Angelhaken – Nahrungsmittel

Sehnen:

____

Geweih:

____

____

____

____

Fell:

____

____

____

____

Knochen:

____

____

____

____

Fleisch:

____

Magen/Blase:

____

Jäger und Sammler – Die Altsteinzeit	Name: ______ Datum: ______	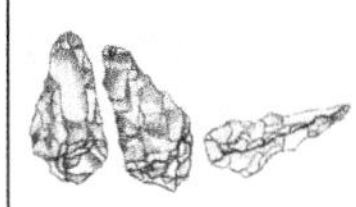

Lederbeutel der Steinzeitjäger

Die Steinzeitjäger trugen Lederbeutel. Darin transportierten sie Wurfsteine, Steinklingen und alles andere, was sie für die Jagd benötigten.

1. Mithilfe der Anleitung kannst du dir einen Lederbeutel herstellen.

Die Höhlenmenschen haben Felle mit Steinklingen geschnitten. Zum Bohren der Löcher benutzten sie Steinstichel oder Knochennadeln. Heute kannst du mit „modernen" Werkzeugen arbeiten.

Du benötigst:

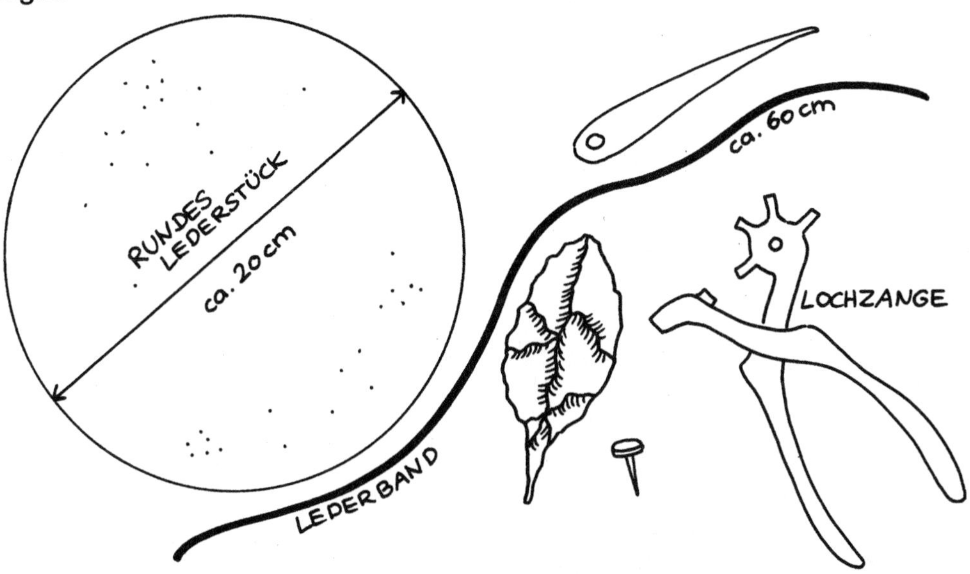

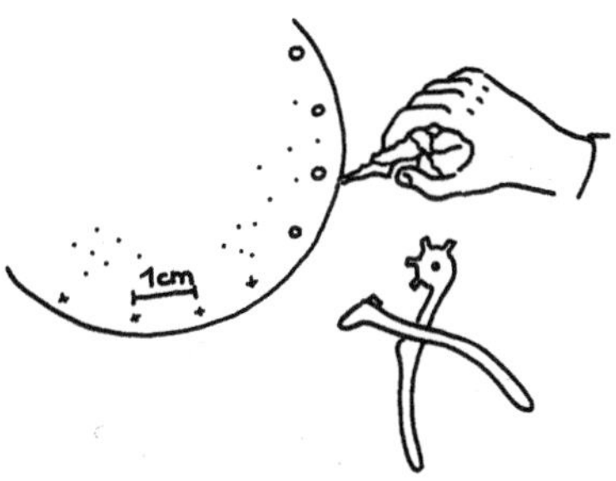

1.1. Anbringen der Löcher

Vor dem Durchdrücken solltest du die Löcher anzeichnen (Abstand 1 cm). Versuche, mit ähnlich einfachen Werkzeugen zu arbeiten wie die Höhlenmenschen. Im Notfall kannst du auf die Lochzange zurückgreifen.

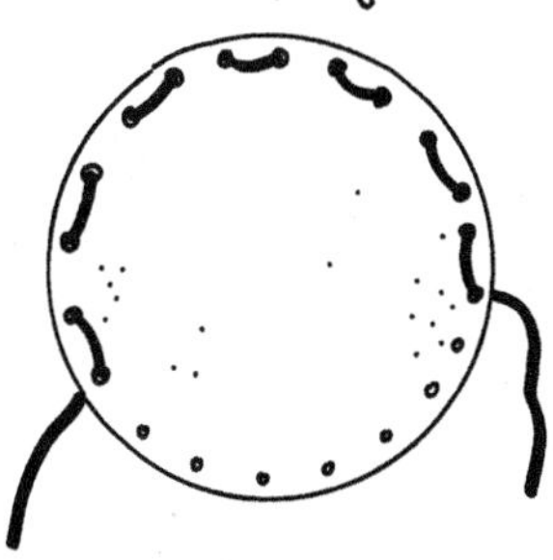

1.2. Einziehen der Halteschnur

Als Faden dienten den Höhlenmenschen Sehnen oder Fellstreifen.
Die Schnur muss abwechselnd über und unter dem Leder durchgeführt werden.

1.3. Zusammenziehen des Beutels

Jetzt brauchst du den Beutel nur noch wie angegeben zusammenzuziehen.
Zum Schluss kannst du die Enden der Halteschnur mit durchbohrten Holz- oder Tonperlen verzieren.

Jäger und Sammler –
Die Altsteinzeit

Name: ______________________

Datum: ______________________

Die Kunst der Steinzeit

Die Jäger und Sammler der Steinzeit waren kreative Künstler. Sie haben in Höhlen Bilder von Tieren und Jagdszenen hinterlassen.

1. Gestalte ein steinzeitliches Bild. Die Anleitungen zeigen dir, wie es geht:

1. Rühre Sand mit Tapetenkleister und Wasser an, bis du eine flüssige Paste erhältst.

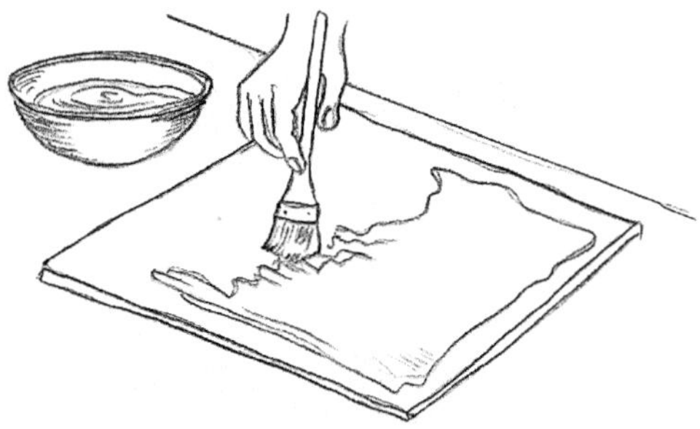

2. Trage die Mischung mit Pinsel oder Felltuch auf braunen oder grauen Pappkarton auf und lasse alles gut trocknen.

3. Zeichne die Umrisse deines Motivs auf die Unterlage. Du kannst selbst Farben herstellen, indem du Kohle, Erde oder Kreide zerkleinerst und in Wasser auflöst.

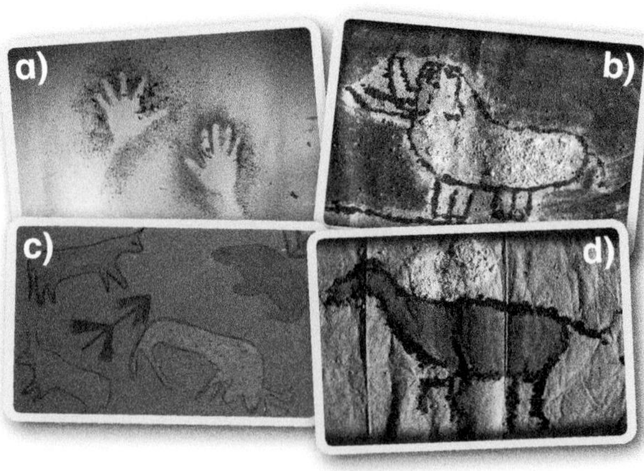

4. Orientiere dich bei deinem Motiv an den Bildern oben (b–d) oder fertige eine Spritzzeichnung an, wie auf dem Foto (a).

AB 1

Ackerbauern und Viehzüchter – Die Jungsteinzeit	Name: ______________________ Datum: ______________________	

Vorwissen und Fragen zum Thema

1. Was weißt du schon? Notiere deine Ideen zum Thema „Ackerbauern und Viehzüchter – Die Jungsteinzeit“ in den Gedankenblasen.

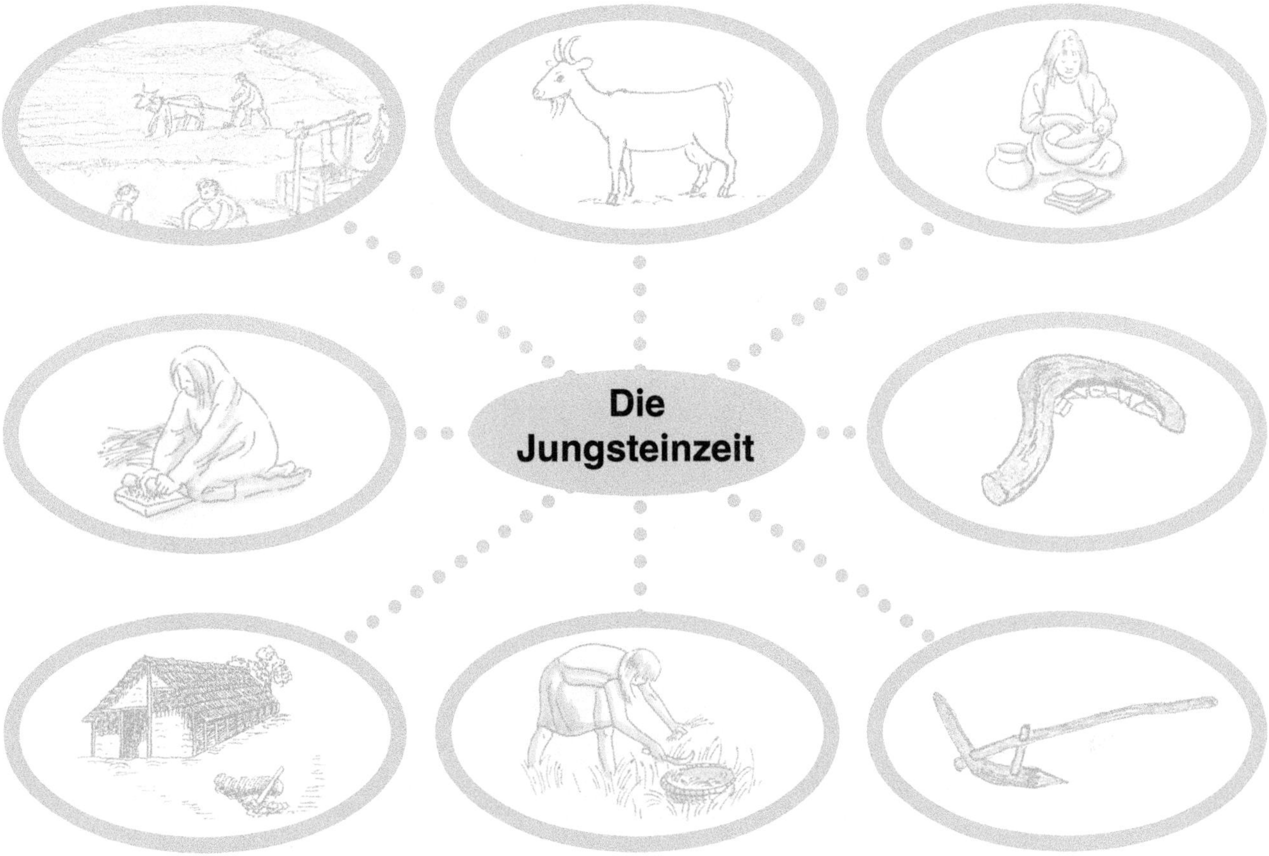

2. Was möchtest du erfahren? Formuliere Fragen zum Thema.

- *Welche Haustiere züchteten die Menschen in der Jungsteinzeit* ?
- ____ ?
- ____ ?
- ____ ?
- ____ ?
- ____ ?

AB 2

Ackerbauern und Viehzüchter – Die Jungsteinzeit	Name: ____________________ Datum: ____________________	

Spuren eines Bauernhofes

Forscher haben bei Ausgrabungen die Spuren eines Dorfes aus der Jungsteinzeit gefunden. So soll es ausgesehen haben.

1. Beschreibe die Einzelheiten des Dorfes.

____

____

____

____

Nach der Ausgrabung wird ein Plan gezeichnet. Die dunklen Stellen im Erdreich sind Reste verfaulter Pfosten. Wo könnten noch Gebäude gestanden haben?

2. Kennzeichne die Gebäude und färbe sie ein. Links oben im Bild ist bereits der Grundriss eines Hauses eingezeichnet.

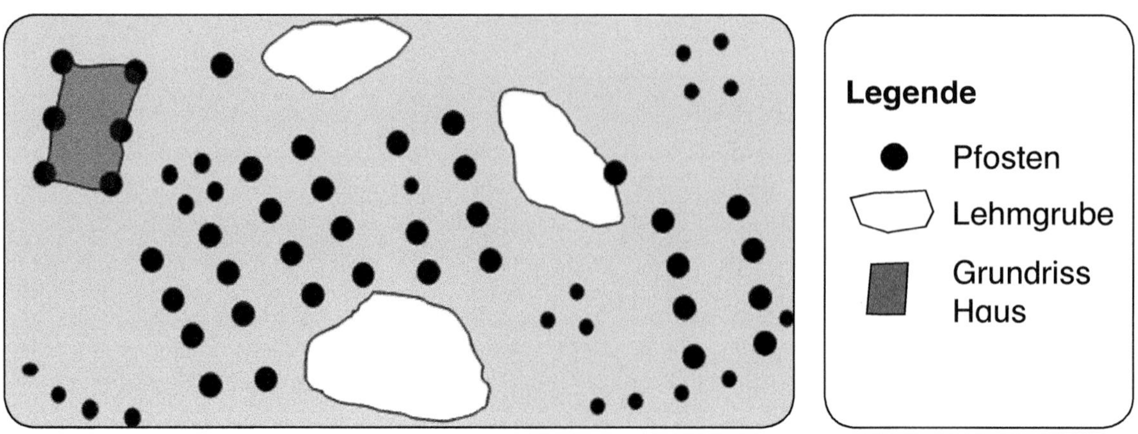

Ackerbauern und Viehzüchter – Die Jungsteinzeit	Name: ____________ Datum: ____________	

Leben im Dorf

Auf dem Bild kannst du sehen, wie die Menschen in einem Dorf der Jungsteinzeit lebten.

1. Die Menschen auf dem Bild gehen ihren alltäglichen Arbeiten nach. Ordne die entsprechende Zahl den Tätigkeiten zu.

jagen ① – pflügen ② – ernten ③ – säen ④ – dreschen ⑤ – backen ⑥ – Boot bauen ⑦ – weben ⑧ – Tiere hüten ⑨ – Tiere füttern ⑩ – Beute transportieren ⑪

2. Auch damals gab es bereits Haustiere. Welche erkennst du? Schreibe auf.

____

3. Finde heraus, welche Arbeiten die Frauen und welche die Männer ausüben.

Männer	Frauen

AB 4

Ackerbauern und Viehzüchter – Die Jungsteinzeit

Name: ______________________

Datum: ______________________

Ein Haus wird gebaut

1. Wozu brauchten die Menschen diese Materialien? Ordne die Beschreibungen aus dem Kasten richtig zu.

zum **Abdichten** der Wände – für das **Gerüst** – zum **Flechten** der Wände – für das **Dach**

Holz

Weiden-
zweige

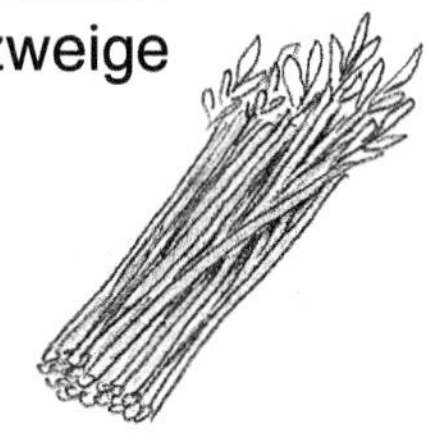

Schilf

Lehm

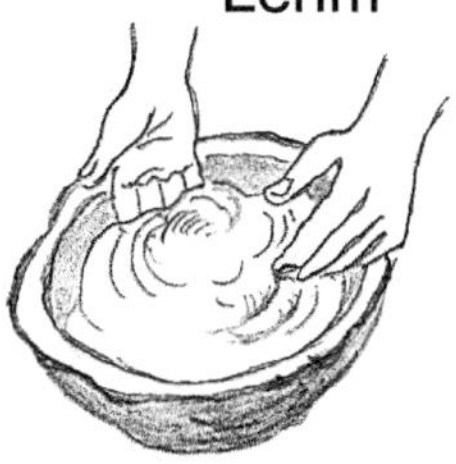

2. Schreibe zu den Bildern einen kurzen Bericht.

Zuerst haben die Menschen mehrere Bäume …

Ackerbauern und Viehzüchter – Die Jungsteinzeit	Name: ______________________ Datum: ______________________	

Der Anbau von Getreide – eine mühevolle Arbeit

1. Die Menschen der Jungsteinzeit kannten verschiedene Getreidearten. Ordne die Begriffe aus dem Kasten den Bildern zu. Schreibe auf die Linien darunter.

Hirse – Dinkel – Hafer – Einkorn

_ _ _ _ e _

_ _ _ _ _ _ n

H _ _ _ _

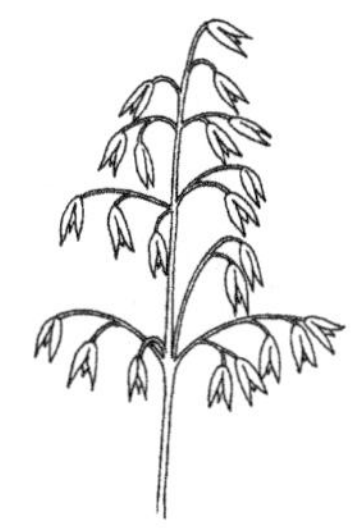

_ a _ _ _

2. Ordne die fehlenden Begriffe in den Text ein.

Grabstock – Sichel – Hacke – Hakenpflug

Mit dem ________________ stachen die Ackerbauern der Jungsteinzeit Löcher für die Samenkörner in den Boden. Dann erfanden sie die ______________. Mit ihr konnten sie den Boden auflockern. Daraus entwickelten sie den ________________. Jetzt konnten die Samenkörner in richtige Furchen gelegt werden. Mit der ______________ wurde das Getreide geerntet.

3. Beschrifte die Arbeitsgeräte.

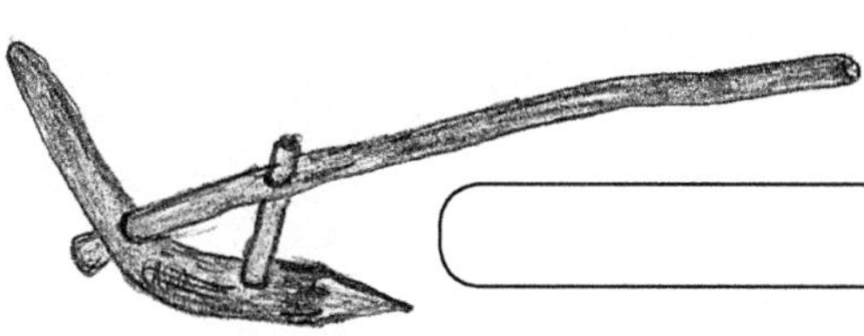

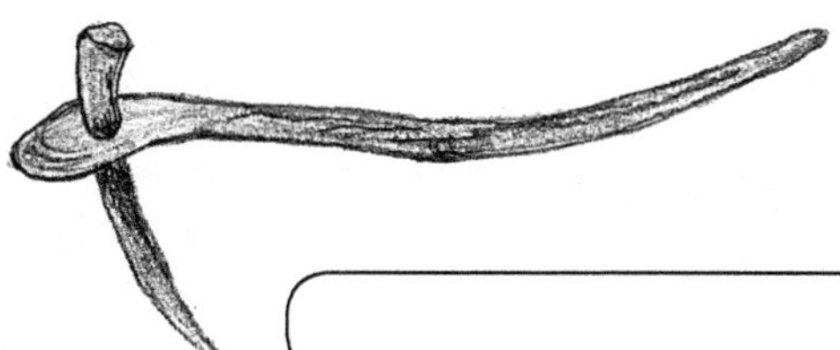

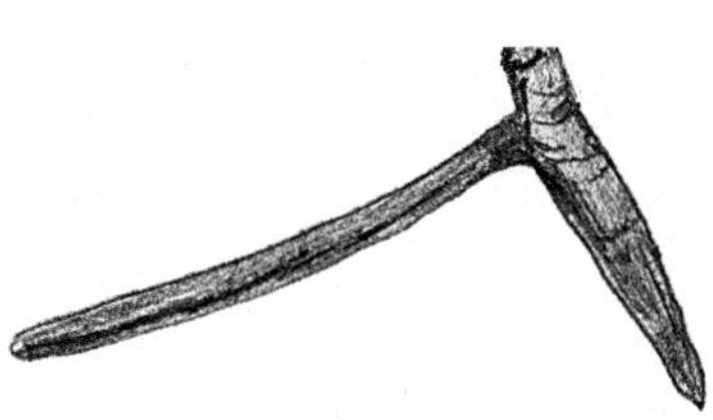

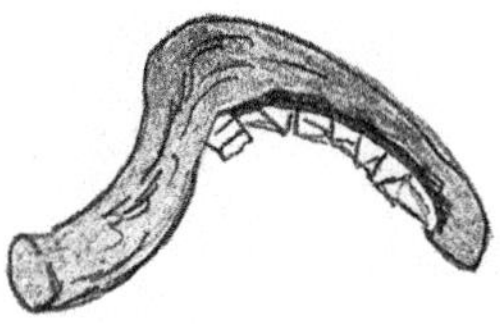

AB 6

Ackerbauern und Viehzüchter – Die Jungsteinzeit	Name: ____________ Datum: ____________	

Backtag

1. Hier siehst du den langen Weg vom Getreide zum Brot. Ordne die Texte zu und ergänze die fehlenden Begriffe.

- War das Getreide reif, wurde es mit ____________ aus Feuerstein abgeschnitten.
- Der Backofen aus Lehm wurde mit Brennholz erhitzt.
- Aus dem Teig wurden flache Fladenbrote geformt.
- Die fertigen ____________ kamen in den vorgeheizten Backofen.
- Das Mehl wurde mit Wasser zu einem ____________ verarbeitet.
- Die reifen Getreidekörner wurden auf einem ____________ zu Mehl verrieben.

____

____

____

____

____

____

____

____

____

____

2. Vergleiche: Wie wird heute Brot gebacken?

____

____

AB 7

Ackerbauern und Viehzüchter – Die Jungsteinzeit	Name: ______ Datum: ______	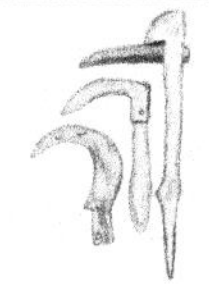

Der Mensch der Jungsteinzeit

1. Ordne die Ausrüstungsgegenstände entsprechend zu.

Mütze – Bogen – Köcher – Beil – Lederschuhe – Pfeile – Fellhose – Umhang gegen Kälte

AB 8

Ackerbauern und Viehzüchter – Die Jungsteinzeit

Name: ______________________

Datum: ______________________

Gefäße aus Ton

Die Menschen der Jungsteinzeit stellten aus Ton viele nützliche Gegenstände her. So konnten Vorräte gesammelt und gelagert werden.

1. Ordne die Beschreibungen aus dem Kasten den Bildern zu.

Nachdem die Gefäße im Tonofen oder am Feuer gebrannt wurden, sind sie fertig für den Gebrauch. – Zuerst werden Tonwürste gerollt und auf einer runden Tonplatte übereinander aufgebaut. – Mit einem spitzen Gegenstand wird ein Muster eingeritzt. – Die übereinander liegenden Tonwürste werden vorsichtig zu einer glatten Fläche verstrichen. – Die Gefäße müssen eine Woche trocknen.

____

____

____

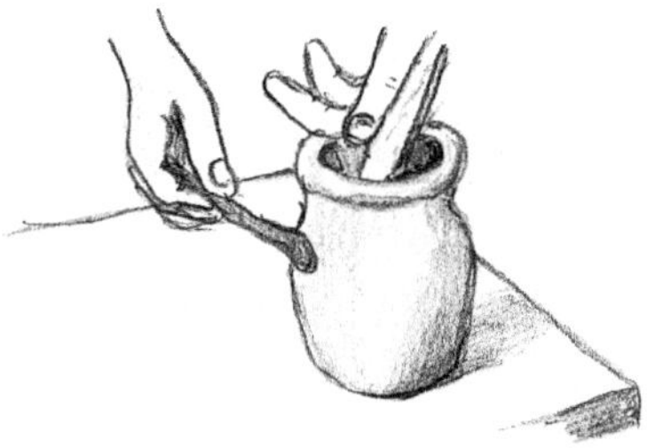

____

____

____

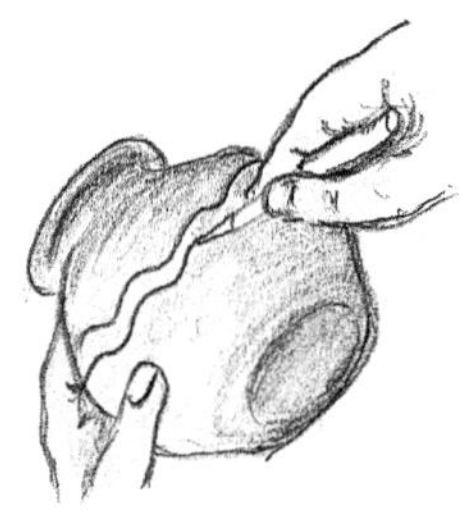

____

____

____

____

____

____

2. Stelle wie die Menschen der Jungsteinzeit selbst ein Gefäß aus Ton her.

AB 9

Ackerbauern und Viehzüchter – Die Jungsteinzeit	Name: ____________ Datum: ____________

Jungsteinzeit – ein Panoramabild

1. Erstelle ein Panoramabild zur Jungsteinzeit.

Dazu benötigst du einen grünen oder gelben Tonkarton. Knicke ihn in der Mitte. Klebe die Formen so auf, wie es auf dem Bild rechts zu sehen ist. Für den Hintergrund kannst du die Häuser auch vergrößert kopieren.

2. Schreibe einen kurzen Infotext zu deinem Panoramabild in dein Heft.

So kannst du beginnen:

Die Menschen der Jungsteinzeit lebten ... Sie züchteten ...

AB 1

Metalle finden und verarbeiten – Die Metallzeit

Name: ______________________

Datum: ______________________

Vorwissen und Fragen zum Thema

1. Was weißt du schon? Notiere deine Ideen zum Thema „Metalle finden und verarbeiten – Die Metallzeit" in den Gedankenblasen.

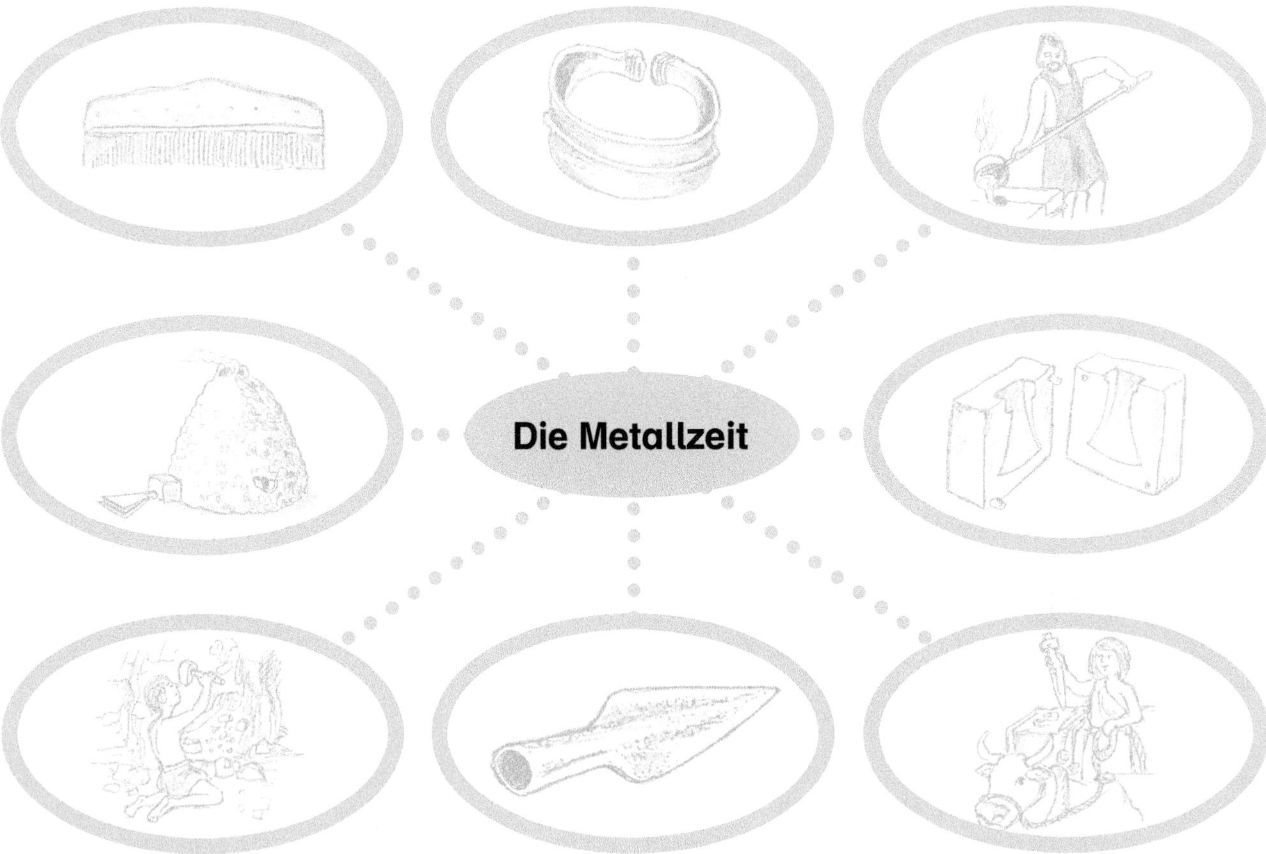

2. Was möchtest du erfahren? Formuliere Fragen zum Thema.

- *Welche Gegenstände wurden aus Metall hergestellt* ?
- ______________________ ?
- ______________________ ?
- ______________________ ?
- ______________________ ?
- ______________________ ?

AB 2

Metalle finden und verarbeiten – Die Metallzeit	Name: ______________________ Datum: ______________________	

Vom Erz zum Metall

Die Menschen der Metallzeit fanden heraus, dass bestimmte Gesteine Metalle enthalten. Solche Gesteine werden Erz genannt und in Bergwerken abgebaut.

1. Ordne den Bergleuten die Tätigkeiten entsprechend zu.

Bergleute sammeln die gelösten Gesteinsbrocken ein. – Das Gestein wird mit Feuer erhitzt und dann durch Wasser gekühlt. Risse lockern das Gestein. – In Körben werden die Erzbrocken nach oben getragen. – Kupferhaltiges Gestein wird aus dem Fels geschlagen.

① ______________________

____

____

____

② ______________________

____

③ ______________________

____

④ ______________________

____

Das Erz wurde in einem Ofen erhitzt. Mit einem Blasebalg führte der Schmelzer Sauerstoff zu, um das Feuer auf eine hohe Temperatur zu bringen. Nur begann das Metall zu schmelzen.

2. Beschrifte das Bild mit den entsprechenden Begriffen aus dem Kasten.

Erzbrocken – Schmelzofen – Blasebalg – flüssiges Metall – Zange

AB 3

Metalle finden und verarbeiten – Die Metallzeit	Name: ______________________ Datum: ______________________	

Wertvolle Gegenstände

Zuerst bearbeiteten die Menschen Kupfer und Zinn. Diese sehr weichen Metalle waren für Waffen und Werkzeuge aber wenig geeignet. Indem sie Kupfer und Zinn mischten, erhielten die Menschen ein härteres Metall: Bronze.

1. Ordne jedem Gegenstand den passenden Begriff zu. Du kannst ihn mithilfe eines Spiegels lesen.

Kamm – Gürtelscheibe – Sichel – Speerspitze – Armreif – Axtblatt – Armspirale – Dolch – Angelhaken

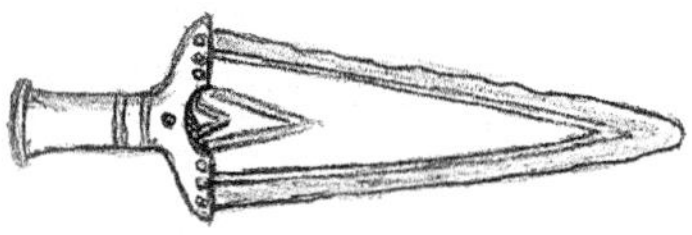

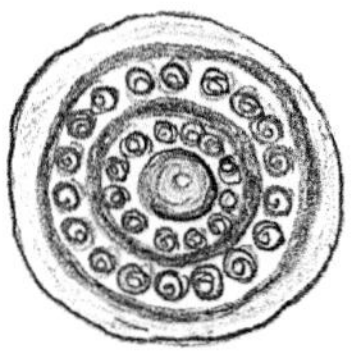

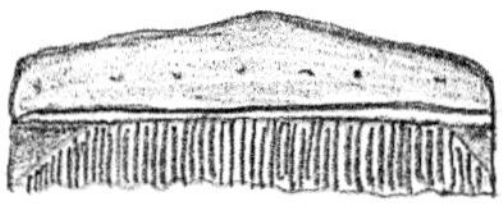

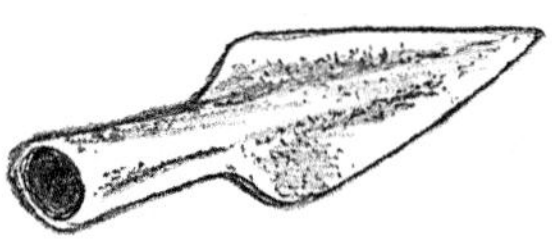

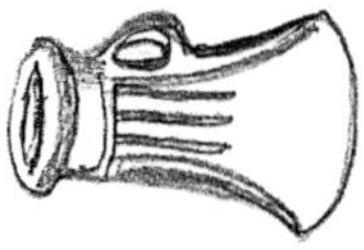

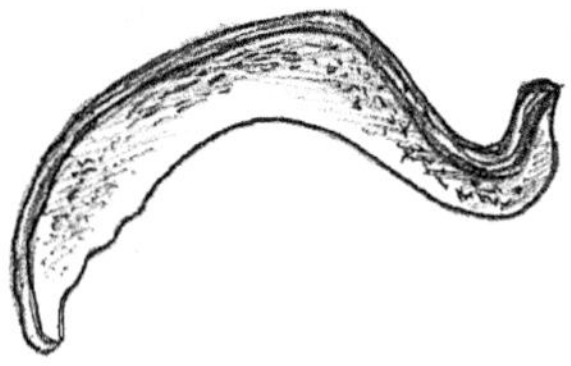

2. Ordne die Geräte aus der Metallzeit in die richtige Spalte der Tabelle ein.

Schmuck	Waffen	Werkzeug

AB 4

Metalle finden und verarbeiten – Die Metallzeit

Name: ______________________________

Datum: ______________________________

Ein neues Beil

Der Jäger braucht ein neues Beil. Er geht zum Bronzegießer. Dieser zeigt ihm, wie er ein solches Beil herstellt.

1. Ordne die Textkärtchen den entsprechenden Bildern zu. Zeichne dazu Verbindungslinien zwischen ihnen.

Das flüssige Metall gieße ich vorsichtig in die trichterförmige Öffnung der Gussform.

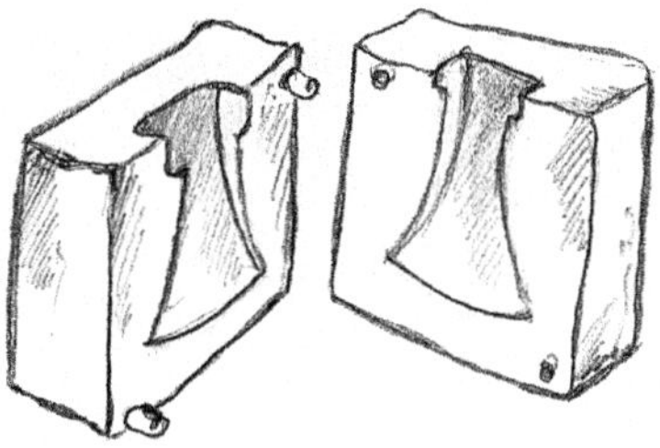

Ich erhitze Erz im Schmelzofen. Um die Temperatur zu erhöhen, puste ich mit dem Blasebalg Luft in den Ofen.

Nach dem Erkalten nehme ich die Form auseinander. Das Beil muss nur noch auf einem Schleifstein geglättet werden.

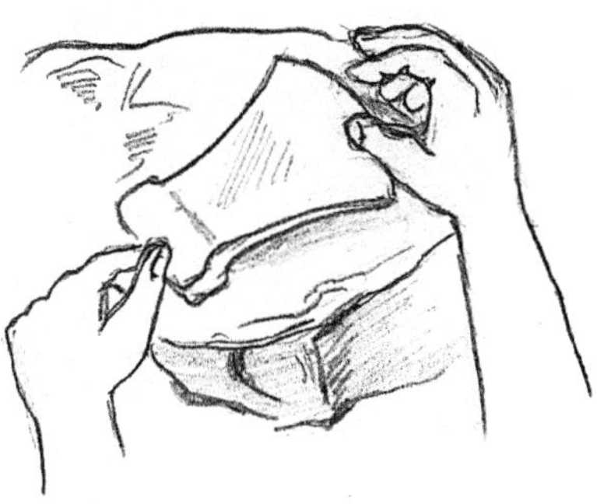

Ich fertige eine zweischalige Form, lege beide Schalen übereinander und binde sie fest.

2. Richtig oder falsch? Kreuze an.

	richtig	falsch
Das Erz wird in eine Gussform gepresst.		
Zum Schluss muss das Beil auf dem Schleifstein geglättet werden.		
Das flüssige Metall wird in eine Form gegossen.		
Das Metall wird über dem Lagerfeuer aus dem Erz geschmolzen.		

Metalle finden und verarbeiten – Die Metallzeit	Name: ________________ Datum: ________________	

Eisen verdrängt Bronze

Noch härter als Bronze war das Eisen. Mit Äxten, Sägen oder Pflugscharen aus Eisen veränderte sich das Leben der Menschen. Das Fällen von Bäumen oder die Bearbeitung des Ackerlandes wurde viel leichter.

1. Lies den Text genau durch. Setze die Ziffern an die entsprechenden Stellen im Bild.

Zuerst erhitzte der Schmied ① das Eisen auf einer offenen Feuerstelle ②, um es geschmeidiger zu machen. Zum Schmieden von Werkzeugen brauchte er einen schweren Hammer ③, einen Amboss ④ und eine Zange ⑤. Damit konnte er das heiße Eisen bearbeiten. Zum Abkühlen nahm er Wasser ⑥.

2. Richtig oder falsch? Kreuze an.

	richtig	falsch
Bronze ist härter als Eisen.		
Der Schmied erhitzte das Eisen mit dem Gasbrenner.		
Zum Schmieden benutzte er einen Hammer.		
Mit einer Zange hielt er das Eisen.		
Das Eisen bearbeitete er auf dem Amboss.		
Zum Abkühlen legte er das heiße Eisen in nasse Tücher.		

AB 6

Metalle finden und verarbeiten – Die Metallzeit

Name: ______________________

Datum: ______________________

Die Himmelsscheibe von Nebra

Das Alter der Himmelsscheibe von Nebra wird auf mehr als 3600 Jahre geschätzt. Sie wurde auf dem Mittelberg in Sachsen-Anhalt gefunden. Wissenschaftler meinen, dass die Himmelsscheibe eine Darstellung des Sternenhimmels ist. Auf dem Metall ist auch eine Barke abgebildet, d. h. ein Schiff ohne Mast. Möglicherweise glaubten die Menschen der Metallzeit, dass diese sogenannte „Sonnenbarke“ zwischen den Horizonten im Osten und Westen hin und her fährt.

1. Die Himmelsscheibe besteht im Original aus Bronze mit Goldauflagen. Färbe die dunklen Bronzeflächen grün und die hellen Goldauflagen gelb.

2. Trage die Begriffe aus dem Kasten in die entsprechenden Textfelder neben der Abbildung ein.

Mond – Sonne – Sterne – östlicher Horizontbogen – westlicher Horizontbogen – Sonnenbarke

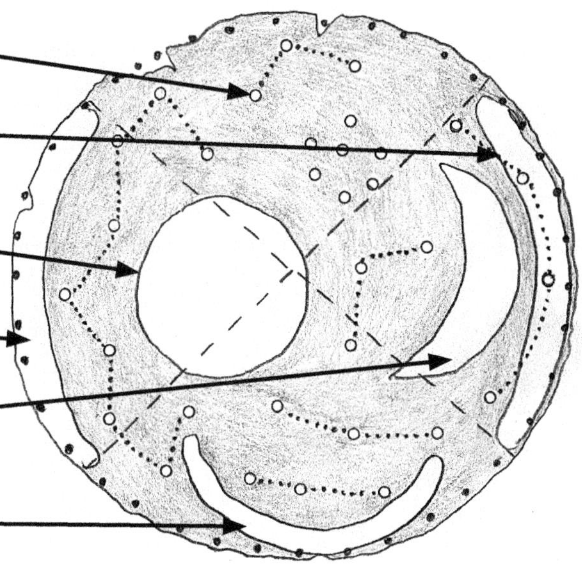

3. Erstelle selbst eine Sonnenscheibe.

Diese Materialien benötigst du:

Metallfolie, Stift zum Anzeichnen, stumpfen Stift oder runden Holzstab zum Durchdrücken, grüne Farbe und Pinsel oder Tuch zum Auftragen

So gehst du vor:

- Zuerst einen Kreis aus der Metallfolie schneiden.
- Die einzelnen Himmelselemente wie auf dem Bild oben einzeichnen.
- Die Formen mit Holzstab oder Stift durchdrücken.
- Die übrigen nicht durchgedrückten Flächen am besten mit einem Tuch grün färben.

Metalle finden und verarbeiten – Die Metallzeit	Name: ______________________ Datum: ______________________	

Berufe entstehen

In der Bronzezeit spezialisierten sich die Menschen nach ihren Fähigkeiten und Fertigkeiten. Es entstanden verschiedene Berufe. Eltern gaben das Wissen an ihre Kinder weiter.

1. Trage den Namen des gesuchten Berufes ein. Wenn du die Buchstaben richtig zuordnest, erhältst du ein Lösungswort.

Berg – fer – Gie – Händ – Köh – ler – ler – mann – Schmied – ßer – Töp

2. Ordne das passende Bild zu. Zeichne dazu Verbindungslinien zwischen den Bildern und den Textfeldern ein.

Er baute das Erz im Bergwerk ab.

☐☐☐☐☐☐☐☐ (3 … 1 13)

Er stellte die Holzkohle her.

☐☐☐☐☐☐ (4)

Er schmiedete Werkzeuge und Waffen.

☐☐☐☐☐☐☐ (7 … 5)

Er stellte Tonwaren her.

☐☐☐☐☐☐ (8)

Er sorgte für die Metallgewinnung.

☐☐☐☐☐☐☐ (14 10 … 9)

Er handelte mit Waren und zog von Ort zu Ort.

☐☐☐☐☐☐☐ (11 2)

Lösungswort:

___	___	___	___	___	T	___	___	___	___	___	U	___	___
1	2	3	4	5	6	7	8	9	10	11	12	13	14

Rolf Breiter / Karsten Paul: Geschichte handlungsorientiert: Vorzeit und Antike

Land am Nil –
Das alte Ägypten

Name: ______________________

Datum: ______________________

Vorwissen und Fragen zum Thema

1. Was weißt du schon? Notiere deine Ideen zum Thema „Land am Nil – Das alte Ägypten" in den Gedankenblasen.

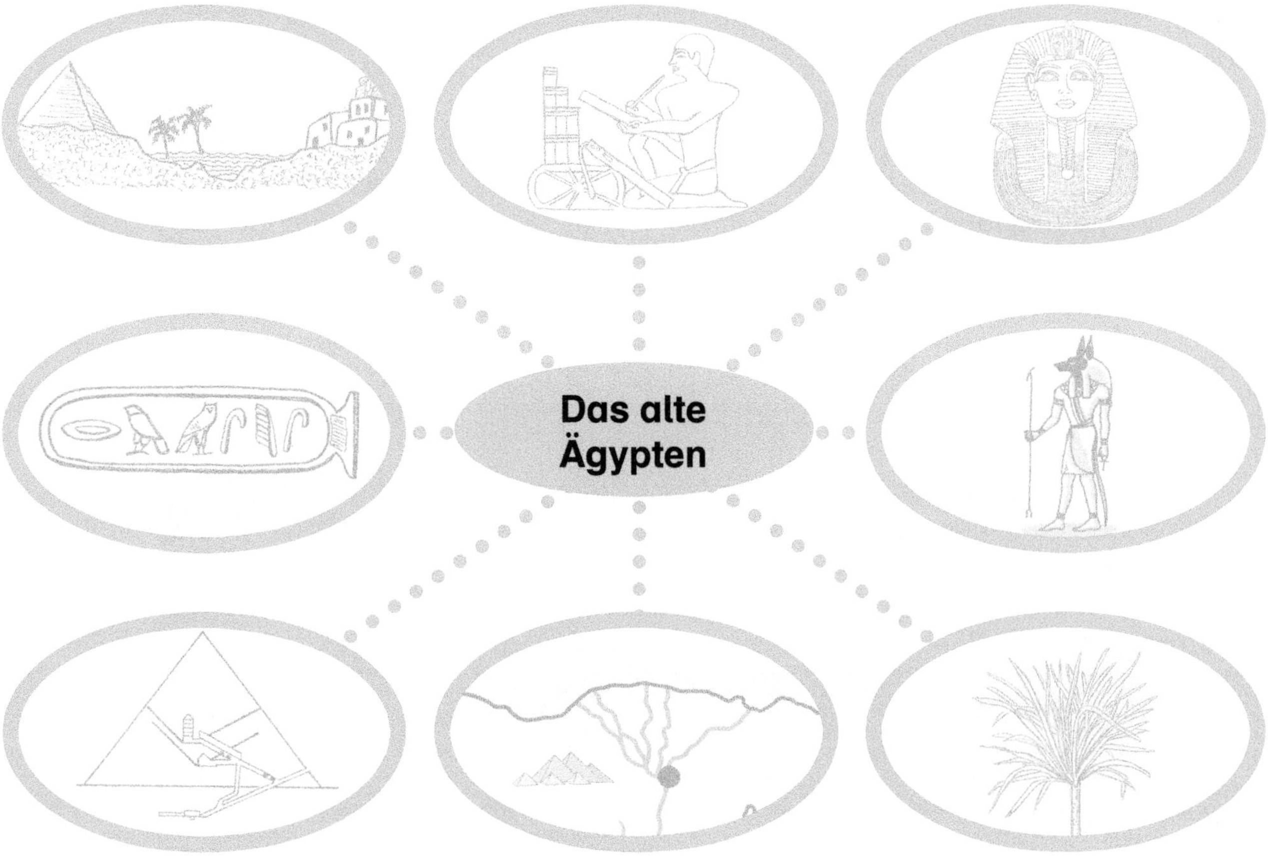

2. Was möchtest du erfahren? Formuliere Fragen zum Thema.

- *Warum haben die alten Ägypter die großen Pyramiden gebaut* ?
- ______________________ ?
- ______________________ ?
- ______________________ ?
- ______________________ ?
- ______________________ ?

AB 2

Land am Nil – Das alte Ägypten	Name: ____________ Datum: ____________	

Land am Nil

Der größte Teil Ägyptens besteht aus Wüsten. Nur ein kleiner Streifen am Rand des Flusses Nil ist fruchtbares Land.

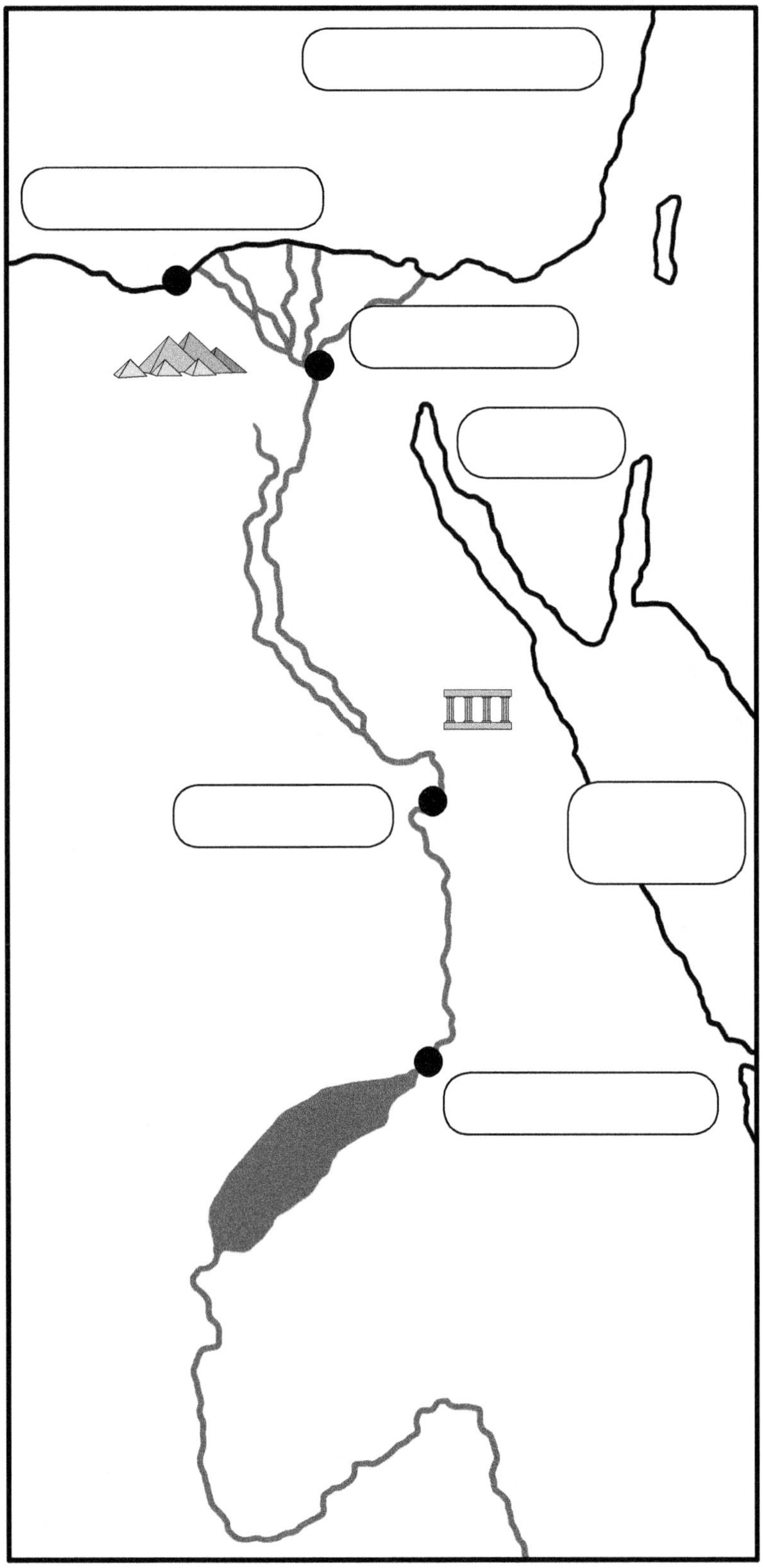

1. **Male die Karte in folgenden Farben aus:**
   Wüsten – gelb
   Meere – blau
   fruchtbares Land – grün

2. **Trage die fehlenden Begriffe in die Lücken der Karte ein.**

   Mittelmeer – Rotes Meer – Sinai – Kairo – Luxor – Assuan – Alexandria

3. **Ergänze die fehlenden Angaben im Steckbrief.**

Steckbrief:

Ägypten heute

Einwohnerzahl: ____________

Größe: ____________

Hauptstadt: ____________

Weitere Städte:

____

____

Nachbarländer:

____

____

AB 3

Land am Nil – Das alte Ägypten	Name: ______________________ Datum: ______________________	

Der Nil bestimmt das Leben der Menschen

Ein alter ägyptischer Gelehrter berichtet über sein Land:

„Drei Monate ist Ägypten eine weiße Perle, drei Monate schwarzer Moschus, drei Monate ein grüner Smaragd und drei Monate rotes Gold.“

In den Monaten Juli, August und September tritt der Nil über seine Ufer und überschwemmt das Land. In dieser Zeit leuchten die auf Hügeln liegenden Dörfer weiß aus den riesigen Wassermassen heraus. Im Oktober, November und Dezember ist die Überschwemmung vorbei. Das Wasser fließt in den Nil zurück. Es bleibt ein schwarzer Schlamm zurück, der nach Moschus riecht.

In den Monaten Januar, Februar und März wachsen auf dem fruchtbaren Boden überall die Gräser und Pflanzen. Umgeben von der Wüste strahlt das Land am Nil wie ein kostbarer grüner Smaragd. In der Erntezeit, in den Monaten April, Mai und Juni, reifen die Früchte auf den Feldern. Das Gras und das reife Getreide leuchten in der untergehenden Sonne rötlich.

1. Ordne der Beschreibung die entsprechenden Monate zu.

„Drei Monate ist Ägypten eine weiße Perle,	*Juli,*
drei Monate schwarzer Moschus,	
drei Monate ein grüner Smaragd,	
und drei Monate rotes Gold.“	

2. Stelle die Wasserstände des Nil im Säulendiagramm dar.

Wasserstände am Nil vor 4000 Jahren	
Januar	1,8 m
Februar	1,4 m
März	1,1 m
April	1,0 m
Mai	0,8 m
Juni	2,1 m
Juli	4,6 m
August	5,8 m
September	7,9 m
Oktober	7,5 m
November	4,0 m
Dezember	3,0 m

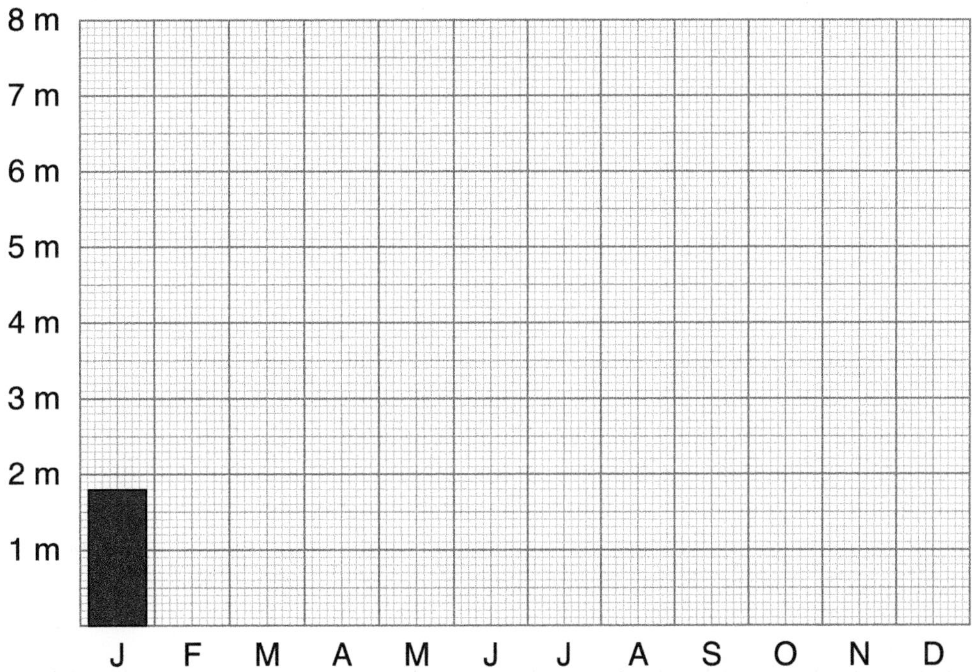

AB 4

Land am Nil – Das alte Ägypten	Name: ______________________ Datum: ______________________	

Der ägyptische Kalender

1. Trage die fehlenden Begriffe in den Text ein.

Brunnen – Jahreszeiten – Kalender – Monat – Rückgang – Tage – Überflutung – Vorratsspeicher – Wasserstand

Schon vor über 5000 Jahren entwickelten die Ägypter einen ____________ .
Das Jahr war in drei ______________ eingeteilt: die Zeit der Überschwemmung von Juli bis Oktober, die Zeit der Aussaat von November bis Februar und die Zeit der Ernte von März bis Juni. Jeder ________ hatte 30 Tage. Dazu kamen noch 5 zusätzliche ________.
Das Leben der Menschen war durch den _________________ des Nil geprägt.
Das Jahr begann im Juli mit der _______________ der Felder. In dieser Zeit halfen viele Bauern, auch Fellachen genannt, beim Bau der Pyramiden oder in den Steinbrüchen des Pharao.
Mit dem ____________ des Nilwassers begann für die Bauern die Arbeit auf den Feldern. Die Saat wurde in die Erde gebracht. ___________ und Bewässerungsanlagen mussten nach dem Hochwasser erneuert werden.
Im März begann die Erntezeit. Schreiber des Pharao sorgten dafür, dass die Bauern einen großen Teil der Ernte in die ___________________ des Pharao brachten.

2. Trage die fehlenden Monate in die Tabelle ein. Schreibe die Arbeiten der Bauern auf.

<table>
<tr><th colspan="4">Zeit der Überschwemmung</th><th colspan="4">Zeit der Aussaat</th><th colspan="4">Zeit der Ernte</th></tr>
<tr><td>Juli</td><td></td><td></td><td></td><td>Nov.</td><td></td><td></td><td></td><td>März</td><td></td><td></td><td></td></tr>
<tr><td colspan="4"></td><td colspan="4"></td><td colspan="4"></td></tr>
</table>

3. Wie viele Jahreszeiten, Monate und Tage hatte das ägyptische Jahr? Vergleiche mit unserem Kalender.

____

____

____

AB 5

**Land am Nil –
Das alte Ägypten**

Name: ______________________

Datum: ______________________

Der Bau der Pyramiden

1. Trage die fehlenden Begriffe in den Text ein.

Cheops – Fallgruben – Grabkammer – Grabräuber – Kairo – Pyramiden – Weltwundern

Die berühmten ______________ von Gizeh befinden sich in der Nähe von ________. Die größte der drei Pyramiden beherbergt die Grabkammer von Pharao ________ . Sie zählt zu den Sieben ____________________ der Antike und ist heute etwa 139 Meter hoch. Im Inneren der Pyramide befinden sich verwinkelte Gänge, die den Zugang zu den Schätzen der ________________ erschweren. Nicht selten gibt es auch ______________ und Geheimtüren. Selbst die Androhung eines Fluches, der ________________ treffen sollte, konnte jedoch nicht verhindern, dass das wertvolle Innere der Pyramiden nahezu vollständig ausgeplündert wurde.

2. Schreibe zu jedem Bild einen kurzen Text.

____

____

____

____

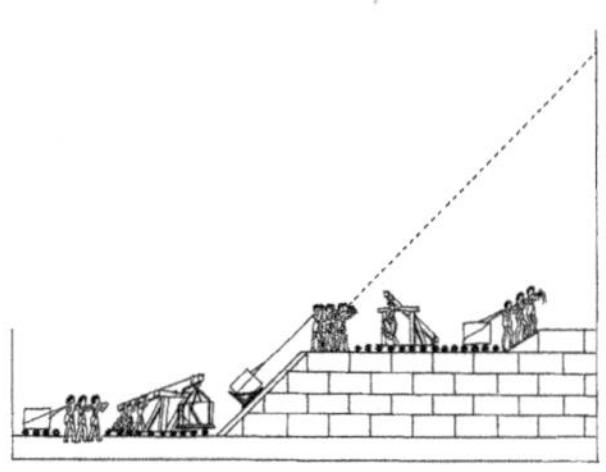

____

____

____

____

____

____

____

____

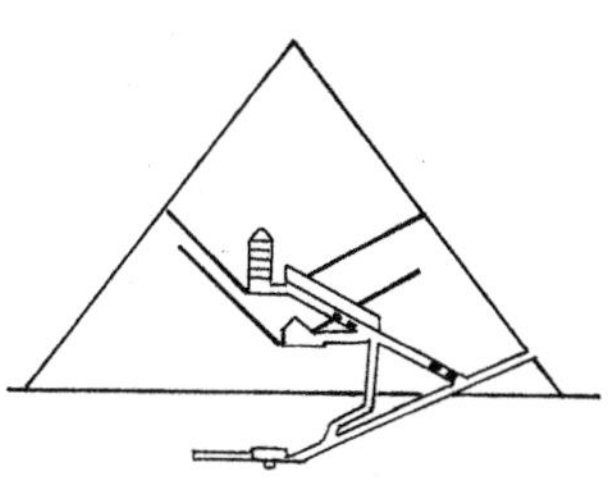

____

____

____

____

AB 6

Land am Nil – Das alte Ägypten	Name: ______ Datum: ______	

Herrschaft im alten Ägypten

1. Male die Totenmaske des Pharao aus.

2. Was weißt du über den Pharao? Informiere dich. Nutze dazu das Geschichtsbuch, ein Lexikon oder das Internet. Schreibe auf, was dir wichtig erscheint.

____
____
____
____
____
____
____
____
____

3. Wie war die Macht im alten Ägypten verteilt?

a) Schneide die Bilder unten aus.

b) Ordne sie den Feldern in der Pyramide zu und klebe sie auf.

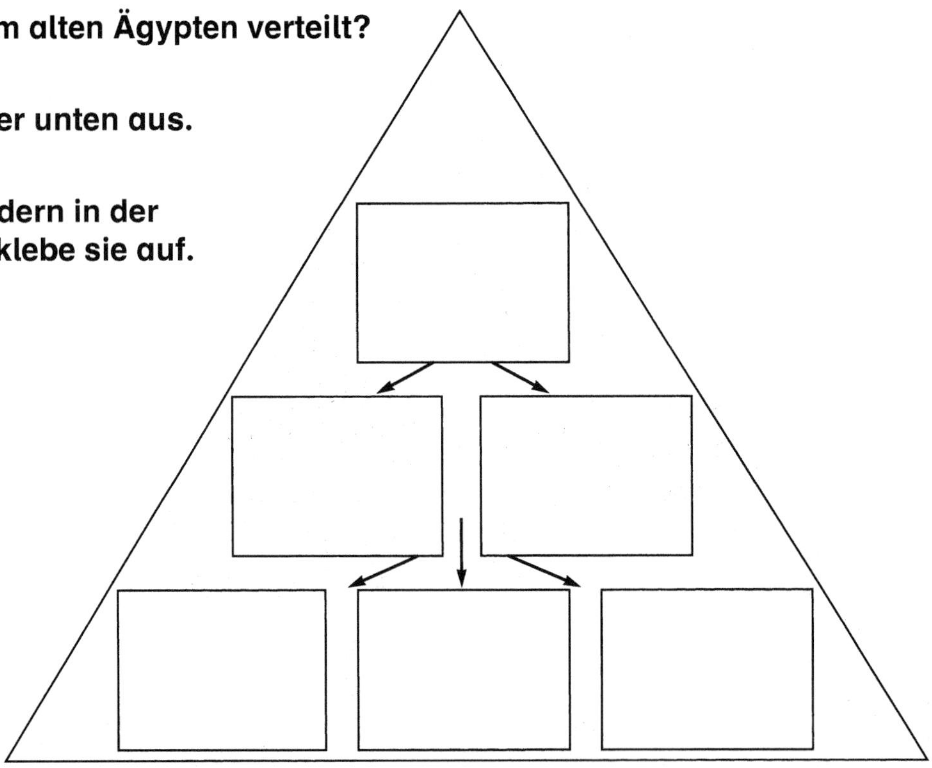

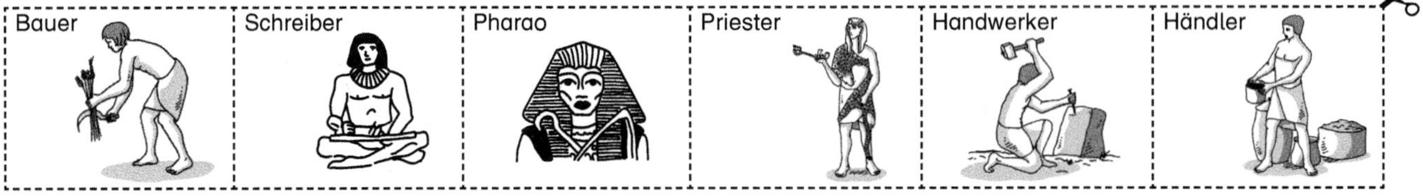

AB 7

Land am Nil – Das alte Ägypten	Name: ____________________ Datum: ____________________	

Handwerker im alten Ägypten

1. Welche Handwerker sind auf den Bildern zu sehen? Die Silben helfen dir bei der Lösung.

ar – bei – ter – Bau – bau – er – Bild – Boots – hau – ber – er – ler – mach – er – Schuh – Tisch – We

2. Suche die Beamten des Pharao. Male sie farbig aus.

3. Welche Aufgaben hatten die Beamten? Schreibe auf.

____

AB 8

Land am Nil – Das alte Ägypten	Name: ______ Datum: ______	

Der Schreiber

1. Original und Fälschung. Im zweiten Bild haben sich 8 Fehler versteckt. Kreise ein.

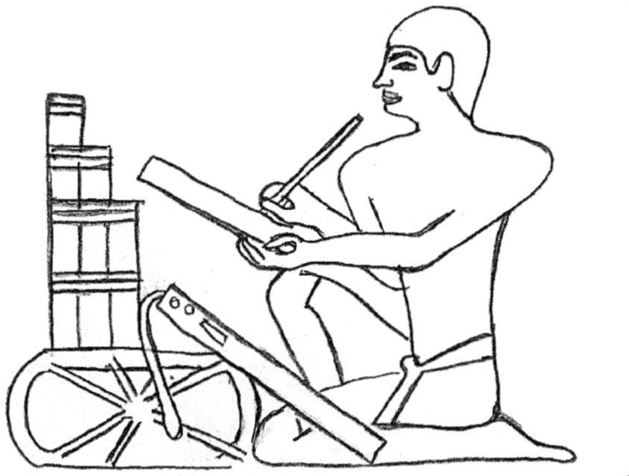

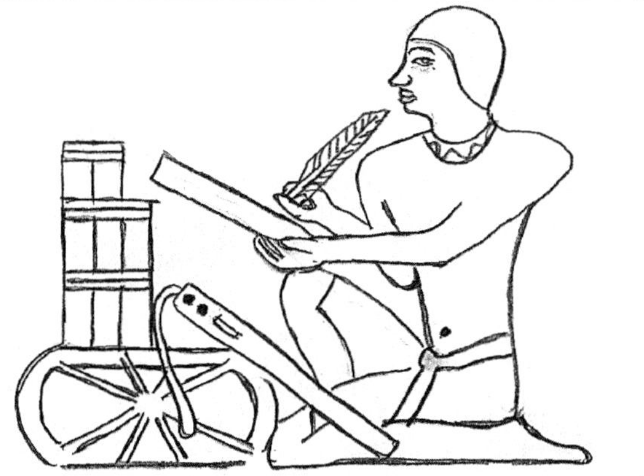

2. Trage die fehlenden Begriffe in den Text ein.

ber – chen – ver – Hie – mäch – phen – te – wal – Pha – ro – gly – rao – ten – Schrei – tige – Zahl – zei

Im alten Ägypten waren die ______________ sehr angesehene und ______________ Menschen. Sie leiteten die Befehle des ____________ weiter und ______________ das Land. In Schulen erlernten sie die ______________________ und die ägyptischen ________________.

3. Hier ist einiges durcheinandergeraten. Nummeriere die Bilder in der richtigen Reihenfolge und ordne die Textteile zu.

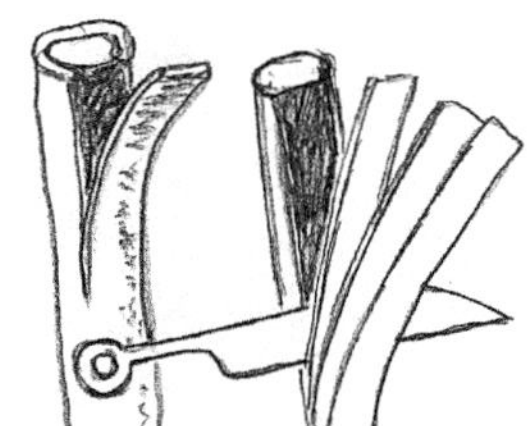

Der Papyrus wird mit der Sichel geerntet.

Zum Schluss werden die Blätter mit einem Stein glatt geschliffen.

Die Streifen werden vorsichtig geklopft. Flüssigkeit tritt aus und verklebt die Lage. Danach muss es trocknen.

Das Mark der Papyruspflanze wird in Scheiben geschnitten.

Die Streifen werden in Schichten übereinander gelegt.

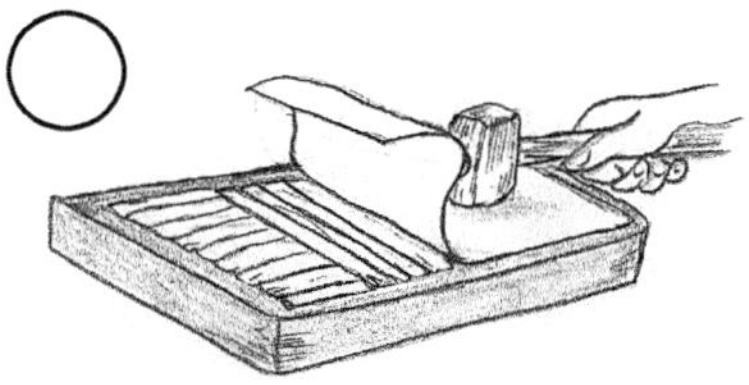

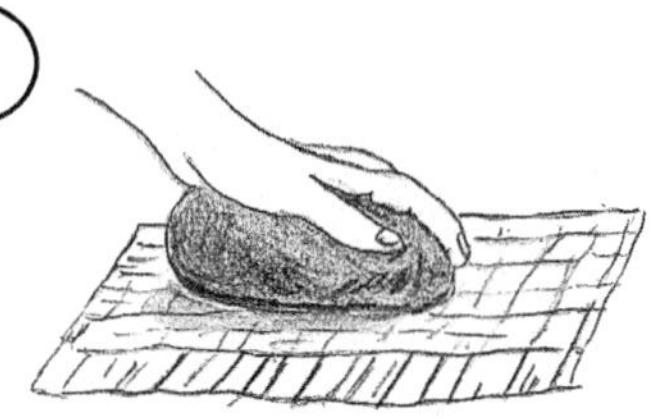

Rolf Breiter/Karsten Paul: Geschichte handlungsorientiert: Vorzeit und Antike

AB 9

Land am Nil – Das alte Ägypten	Name: ______ Datum: ______	

Die Hieroglyphen – ägyptische Schriftzeichen

Die Hieroglyphenschrift ist über 5000 Jahre alt und bestand ursprünglich aus mehr als 700 Bildzeichen. Nach dem Ende des Pharaonenreiches ging das Wissen um die Schrift verloren. Erst im Jahre 1822 wurden die alten Schriftzeichen entschlüsselt.

1. Übersetze die Hieroglyphen. Es ergeben sich die Namen berühmter Pharaonen.

2. Hieroglyphen und Malereien zierten die Wände vieler Grabkammern. Stelle eine Gipstafel her und ritze deinen Namen oder ein Bild hinein.

Du benötigst: Gips, ein Gefäß zum Anrühren, den Deckel eines Pappkartons, Plastikfolie, einen Nagel zum Ritzen, Tuschkasten und Pinsel.

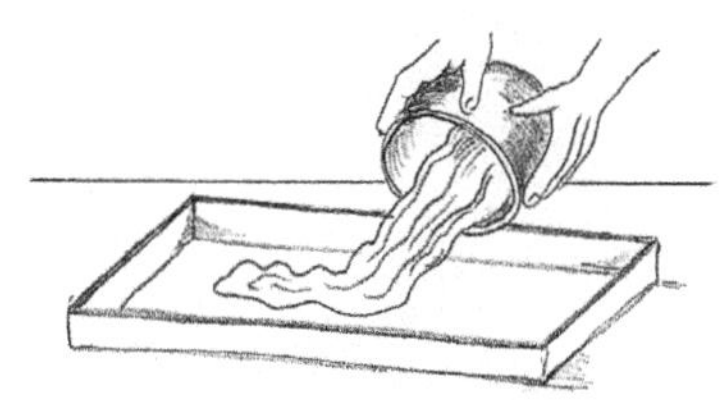

Rühre den Gips an und gieße ihn in den Kartondeckel. Die Platte sollte mindestens 1 cm dick sein.

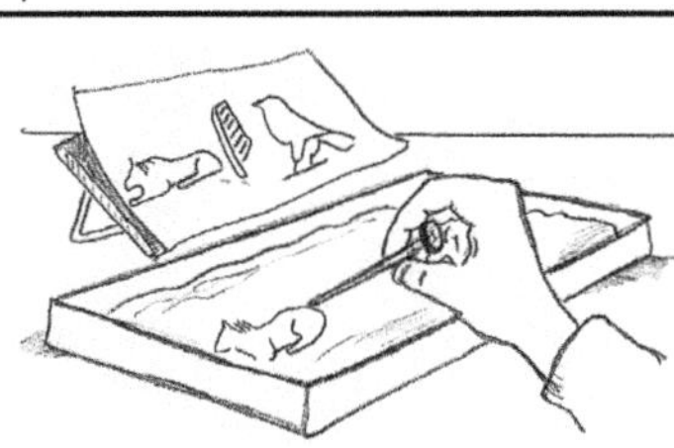

Färbe die Gipsoberfläche mit Tusche und Pinsel. Ritze dein Motiv in die Platte ein.

Warte, bis der Gips fest abgebunden ist, und löse die Platte vorsichtig aus dem Rahmen.

AB 10

Land am Nil –
Das alte Ägypten

Name: ____________________

Datum: ____________________

Ägyptische Götter und ihre Bedeutung

Im Alltag der Menschen spielten die Götter eine große Rolle. Überall im Land gab es Tempel, in denen ihnen Opfer gebracht wurden. Die meisten Götter waren mit einem Tier verbunden. So konnte man sie schnell erkennen.

1. Ordne die Texte den Bildern der entsprechenden Götter zu.

Ich bin **Hathor,** die Göttin der Liebe, des Tanzes und der Fruchtbarkeit. Oft werde ich mit dem Kopf einer Kuh dargestellt.

Ich bin **Horus,** der Himmelsgott. Als Falke wache ich über das Leben des Pharao.

Ich, **Anubis**, mit dem Kopf des Schakals, herrsche über die Unterwelt und das Reich der Toten.

Ich bin **Thot**, Gott der Wissenschaften und Schreiber. Zeichen meiner Klugheit ist der Kopf des Vogels Isis.

Ich bin **Re,** der Gott des Lichts und der Sonne. Ich habe einen Falkenkopf und trage die Sonnenscheibe auf dem Kopf.

Ich bin **Amun**, Gott von Wind und Fruchtbarkeit, und werde im Tempel von Theben verehrt. Man erkennt mich an der hohen Krone.

Ich bin **Nut**. Als Göttin des Himmels schütze ich die Erde mit meinem Körper.

Ich bin **Heket**, eine Göttin in Froschgestalt. Ich schütze die Mutter und das Kind bei der Geburt.

Ich bin **Sachmet,** die mächtige Göttin mit Löwenkopf, und heile Krankheiten.

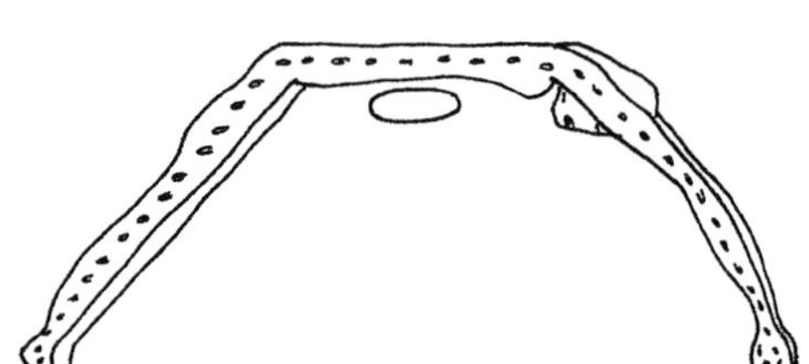

Land am Nil – Das alte Ägypten	Name: ____________ Datum: ____________	

Leben nach dem Tod

1. Original und Fälschung: Im zweiten Bild haben sich 6 Fehler versteckt. Kreise ein.

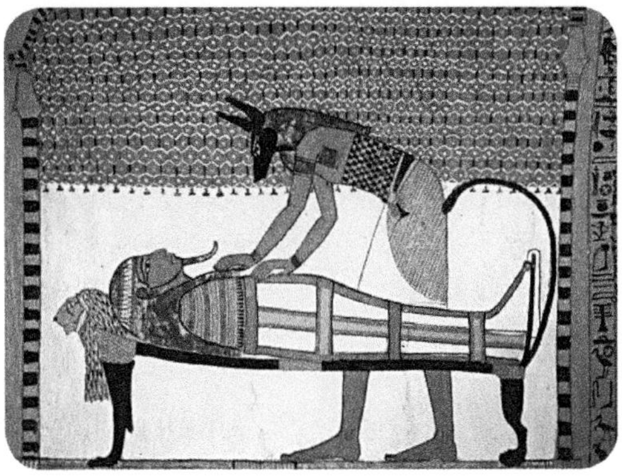

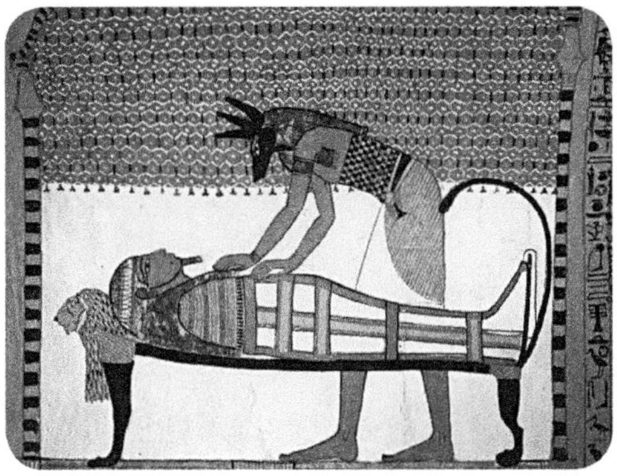

2. Der griechische Geschichtsschreiber Herodot berichtet über die Einbalsamierung.

Die Teile des Textes sind durcheinandergeraten. Bringe sie in die richtige Reihenfolge.

	Dann füllen sie die Bauchhöhle mit Myrrhe und Räucherwerk und nähen die Leiche wieder zu.
	Die Einbalsamierer entfernen zuerst das Gehirn. Dann öffnen sie die Bauchhöhle und nehmen die Eingeweide heraus.
	Die Angehörigen handeln einen Preis mit ihnen aus und gehen dann fort.
①	Wenn in Ägypten ein Mensch stirbt, bestreichen sich alle Frauen im Haus das Gesicht mit Lehm.
	Nach Ablauf der siebzig Tage waschen sie die Leiche und umwickeln den ganzen Körper mit Binden aus feinem Leinen, die sie mit Gummi überstreichen.
	Wenn sie das gemacht haben, balsamieren sie die Leiche mit Natron ein, um die Verwesung zu verhindern, und verwahren sie siebzig Tage.
	Zum Schluss übernehmen die Angehörigen die Leiche, legen sie in einen hölzernen Sarg in Menschengestalt und bringen sie in die Grabkammer.
	Wenn das geschehen ist, bringen sie den Leichnam zur Einbalsamierung. Dafür sind bestimmte Leute da, die diese Kunst verstehen.

3. Richtig oder falsch? Kreuze an.

	richtig	falsch
Die alten Ägypter begruben ihre Toten in Säcken aus Leinen.		
Wenn ein Mensch starb, sangen die Frauen 30 Tage lang Klagelieder.		
Der Leichnam wurde in Natron gelegt, um die Verwesung zu stoppen.		
Bei der Einbalsamierung wurden das Gehirn und die Eingeweide entfernt.		

Demokratie und Olympische Spiele – Das antike Griechenland

Name: ______________________

Datum: ______________________

Vorwissen und Fragen zum Thema

1. Was weißt du schon? Notiere deine Ideen zum Thema „Demokratie und Olympische Spiele – Das antike Griechenland“ in den Gedankenblasen.

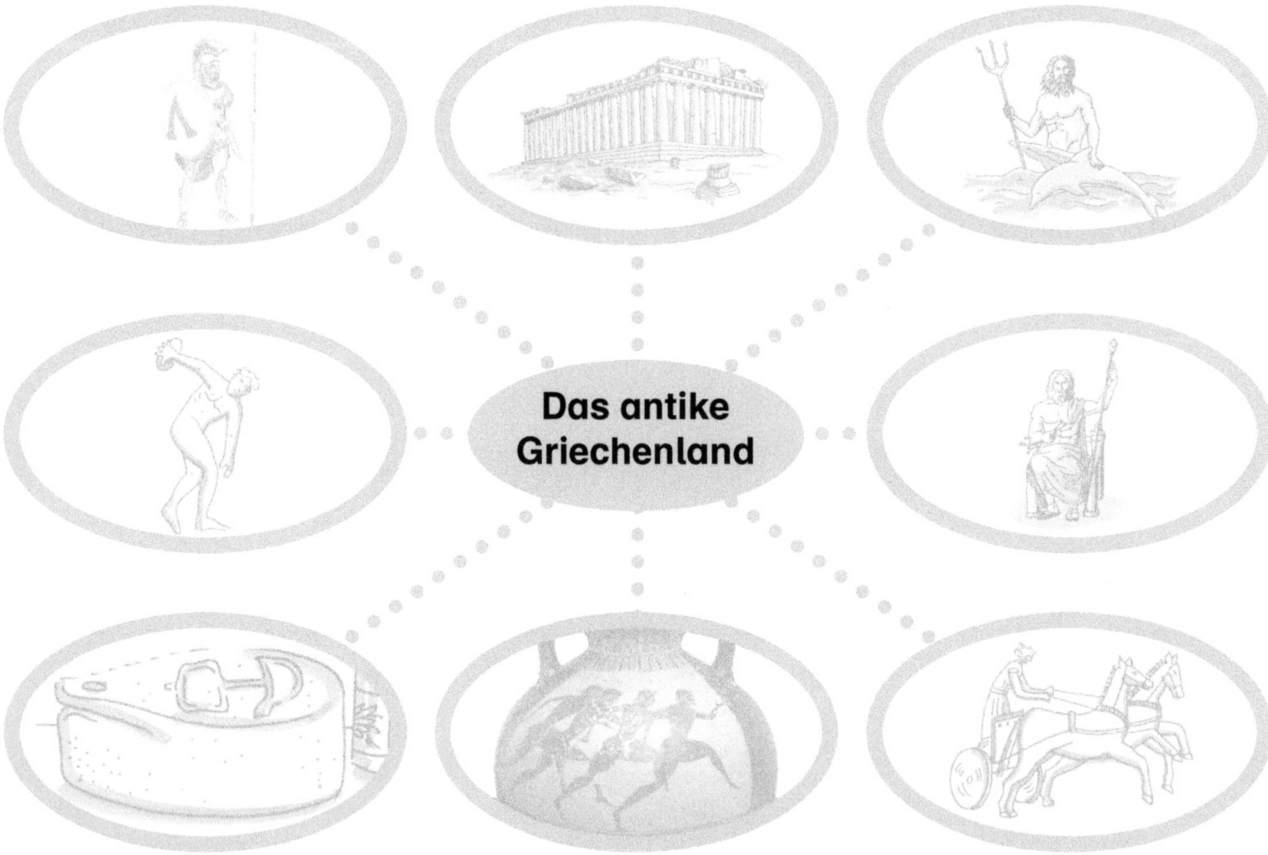

2. Was möchtest du erfahren? Formuliere Fragen zum Thema.

- *Welche Wettkämpfe gab es bei den Olympischen Spielen der Antike* ?
- ____ ?
- ____ ?
- ____ ?
- ____ ?
- ____ ?

AB 2

Demokratie und Olympische Spiele – Das antike Griechenland	Name: ____________ Datum: ____________	

Die Griechen besiedeln den Mittelmeerraum

1. Trage die fehlenden Begriffe in den Text ein.

gebirgig – Ackerflächen – verließen – griechische – Meer – Frösche – Teich – Handelspartner

Griechenland ist sehr ______________ . Als die Bevölkerungszahl immer weiter anstieg, reichten um ca. 750 v. Chr. die __________________ nicht mehr aus, um die Familien zu ernähren. Viele Menschen ______________ ihre Heimat und gründeten ______________ Siedlungen im Mittelmeerraum. Dadurch sicherten die Griechen ihren Einfluss und wichtige ____________________.

Der griechische Philosoph Platon schrieb:

„Wir Griechen sitzen um unser __________ , wie die __________ um einen ________ ."

2. Welches Meer meinte Platon? Suche es auf der Karte und male es blau aus.

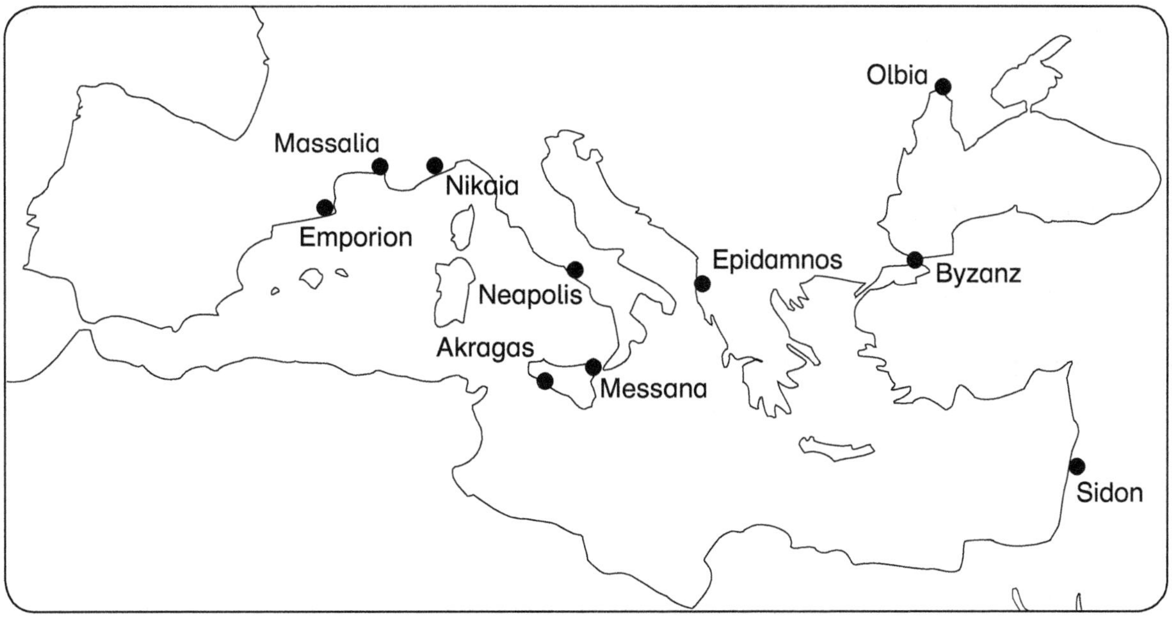

3. Welche heutigen Länder gehörten zu Siedlungsgebieten der Griechen?

____

____

4. Wie heißen diese Städte heute? Vergleiche die Karte mit deinem Atlas.

Messana	____________	Neapolis	____________
Epidamnos	____________	Akragas	____________
Massalia	____________	Nikaia	____________

Demokratie und Olympische Spiele – Das antike Griechenland	Name: ______________ Datum: ______________	

Vasen-Puzzle

1. Archäologen haben bei Ausgrabungen Scherben einer alten Vase entdeckt. Schneide die Einzelteile aus und setze sie zusammen.

2. Verfasse einen Informationstext zur Abbildung.

___

___

___

AB 4

Demokratie und Olympische Spiele – Das antike Griechenland

Name: ______________________

Datum: ______________________

Eine Öllampe aus dem alten Athen

Athen war berühmt für die Produkte seiner Handwerker und Künstler. Vasen und Krüge aus Ton wurden im ganzen Mittelmeerraum verkauft. Öllampen ermöglichten es den Menschen, ihre Wohnungen auch nach Sonnenuntergang zu beleuchten. Sie wurden meist mit Olivenöl gefüllt.

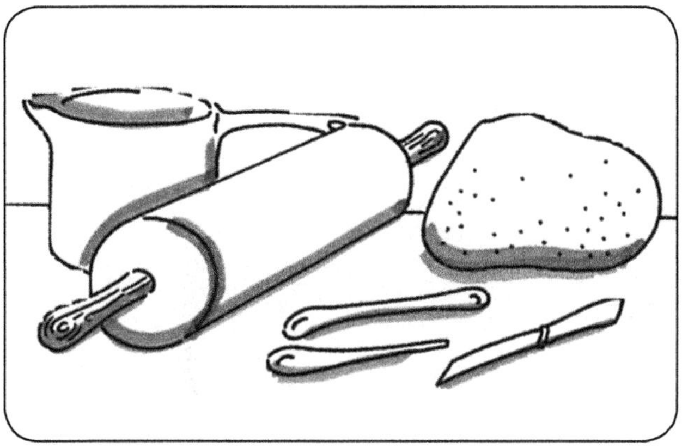

Zur Herstellung einer Öllampe benötigst du Ton, Werkzeuge zur Bearbeitung des Tons, Glasur und einen Brennofen. Vor dem Anzünden müssen Brennöl (am besten Duftöl) und ein Docht besorgt werden.

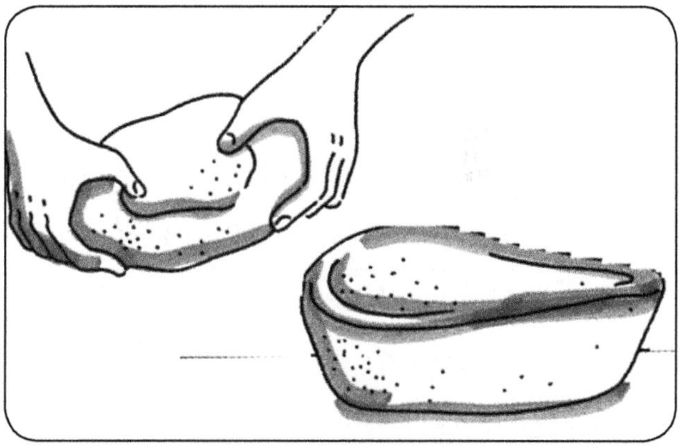

Den unteren Teil der Lampe formst du aus einer Tonkugel. Für den Docht sollte sie, wie auf dem Bild zu sehen ist, spitz zulaufen.

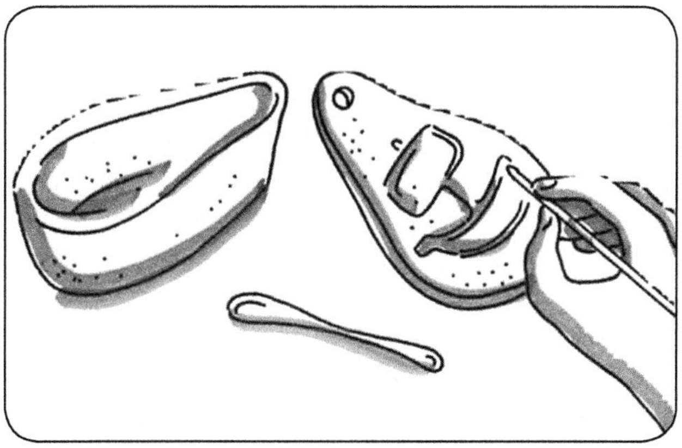

Der obere Teil der Lampe wird aus einer etwa fingerdicken Tonplatte herausgeschnitten. Das Loch dient zum Einführen des Dochtes und zum Einfüllen des Öls. Zum Schluss kannst du eine kleine Verzierung einritzen.

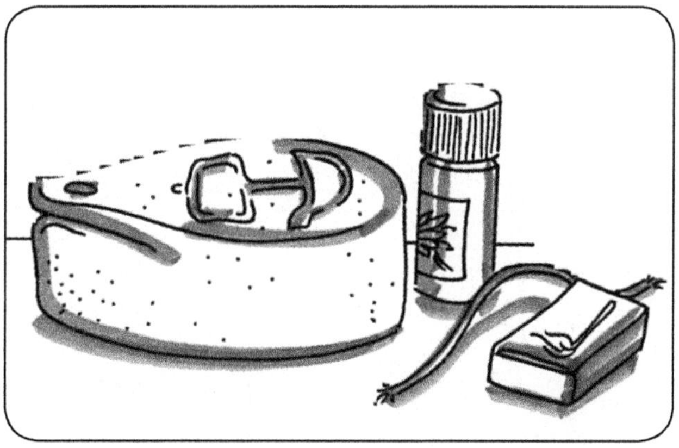

Beim Zusammenfügen müssen die beiden Teile gut mit feuchtem Ton verschmiert werden. Nach dem Trocknen wird die Lampe gebrannt und mit einer Glasur überzogen. Zum Anzünden werden jetzt nur noch Docht und Duftöl benötigt.

AB 5

Demokratie und Olympische Spiele – Das antike Griechenland

Name: ______________________

Datum: ______________________

Griechische Götter und ihre Bedeutung

Zu Ehren ihrer Götter bauten die alten Griechen Tempel und feierten große Feste.

1. Ordne die Texte den Bildern der entsprechenden Götter zu.

Ich bin **Hermes**. Als Bote trage ich die Nachrichten der Götter mit Flügeln an den Schuhen ins ganze Land.

Ich bin **Ares,** der Gott des Krieges. Mit Rüstung und Waffen bringe ich Unheil über die Gegner der Griechen.

Ich bin **Zeus,** der Göttervater. Als Herr über Blitz und Donner herrsche ich über Himmel und Erde.

Ich bin **Hades,** der Gott der Toten, und herrsche mit Zerberus, meinem dreiköpfigen Hund, über das Totenreich.

Ich bin **Poseidon,** der Gott des Meeres. Mit meinem Dreizack kann ich Überschwemmungen und Erdbeben bringen.

Ich bin **Artemis,** Herrin über die Tiere und Göttin der Jagd. Man erkennt mich am Köcher mit Pfeilen.

Ich bin **Demeter,** Göttin des Ackerbaus und der Fruchtbarkeit. Mein Name bedeutet „Mutter der Erde".

Ich bin **Aphrodite,** die Göttin der Liebe. Man erkennt mich am Spiegel in der Hand und den Blumen, die ich überbringe.

Ich bin **Apollon,** der Gott des Lichts und der Künste. Man erkennt mich am Musikinstrument, das ich trage.

Ich bin **Dionysus,** der Gott des Weines und der Freude. Ich liebe Feste und habe Weinrebe und Glas stets dabei.

AB 6

Demokratie und Olympische Spiele – Das antike Griechenland	Name: ____________ Datum: ____________	

Olympische Spiele

Die Olympischen Spiele des Altertums fanden zu Ehren der Götter statt und wurden beim griechischen Ort Olympia ausgetragen. Frauen waren nicht zugelassen. Im Gegensatz zu heute gab es nur wenige Wettkämpfe.

1. Trage die passenden Begriffe in die Kästen unter den Bildern ein.

Dis – Faust – Ring – Speer – Wa – Waf – Weit – fen – gen – kampf – kampf – kus – lauf – nen – ren – sprung – wurf – wurf

2. Überlege: Welche Aufgabe hatte der Mann in der Mitte des Bildes?

____

3. Richtig oder falsch? Kreuze an.

	richtig	falsch
Die Olympischen Spiele des Altertums fanden jedes Jahr statt.		
Austragungsort der Spiele war immer der Ort Olympia.		
Die meisten Zuschauer kamen zu den Schwertkämpfen der Gladiatoren.		
Frauen waren als Wettkämpfer nicht zugelassen.		

AB 7

Demokratie und Olympische Spiele – Das antike Griechenland	Name: ______________________ Datum: ______________________	

Stadionlauf – der älteste olympische Wettkampf

Endlich ist es soweit. Gleich wird der Stadionlauf als wichtigster und ältester aller olympischen Wettkämpfe beginnen und Keron aus Pergamon ist dabei. Auf der Startlinie stehend geht ihm noch einmal alles durch den Kopf, die lange Vorbereitungszeit und der anstrengende Weg aus seiner Heimatstadt bis nach Olympia. Zum Glück waren die Gefahren der Anreise durch den Olympischen Frieden, der während der Spiele im ganzen Land herrscht, nicht so groß gewesen. Bei seiner Ankunft in den heiligen Wettkampfstätten von Olympia hat Keron zum Dank für die Zulassung an den Wettbewerben im riesigen Tempel des Zeus den Göttern ein Opfer erbracht. Mit dem olympischen Eid werden die Wettkämpfe eröffnet. Heute ist der Tag des Stadionlaufes. Der Lauf geht über die gesamte Länge des Stadions und ist 192 Meter lang. Während die Namen und Heimatstädte der Teilnehmer ausgerufen werden, gibt es viel Applaus. Fast 20 000 Zuschauer fasst das Stadion. Geduckt und unbekleidet wartet Keron auf das Startzeichen. Jetzt nur nichts falsch machen. Bei einem Fehlstart drohen Prügel durch den Wettkampfrichter. Eine Trompete gibt das Signal zum Start. Nur Ilios aus Kreta ist besser gestartet. Schritt für Schritt kämpft sich Keron an den vor ihm Laufenden heran. Am Ziel bricht er erschöpft zusammen. Plötzlich gibt es tosenden Beifall der Zuschauer. Keron hat es geschafft. Als Zeichen des Sieges darf er das Stadion mit einem Kranz aus den Blättern des heiligen Olivenbaumes verlassen und am nächsten Tage das Feuer vor dem Zeustempel anzünden.

1. Nummeriere die Zeilen des Textes. Erkläre die Bedeutung der angegebenen Wörter.

Wort	Zeile	Bedeutung
Pergamon	*3*	*Antike griechische Stadt, liegt an der Westküste der Türkei*
Olympia		
Zeus		
Olympischer Friede		
Stadionlauf		

2. Richtig oder falsch? Kreuze an.

	richtig	falsch
Der Stadionlauf ist der älteste und wichtigste Wettkampf der antiken Olympischen Spiele.		
Vor, nach und während der Spiele herrschte im ganzen Land Frieden.		
Die Olympischen Spiele werden ausgerichtet, um den griechischen König zu ehren.		
Der Sieger des Stadionlaufes erhält eine Medaille aus reinem Gold.		

Rolf Breiter / Karsten Paul: Geschichte handlungsorientiert: Vorzeit und Antike

Demokratie und Olympische Spiele – Das antike Griechenland	Name: ____________ Datum: ____________	

Die Demokratie der Griechen

1. Trage die fehlenden Begriffe in den Text ein.

Bürger – Bürgerrechte – Demokratie – Entscheidungen – Könige – Sklaven – Stimmrecht – Volksversammlungen

Lange Zeit regierten ____________ und Adlige den griechischen Stadtstaat Athen. Nach langen Kämpfen zwischen den verschiedenen Ständen übernahmen die ____________ die Macht. Die Athener waren stolz auf ihre Regierungsform und nannten sie ______________. Dieses Wort leitet sich aus den griechischen Wörtern „demos“ für „Volk“ und „kratein“ für „herrschen“ ab. Was für die Gemeinschaft wichtig war, wurde auf der __________________ beschlossen. Bei wichtigen __________________ mussten 6000 Bürger anwesend sein. Alle Bürger hatten das gleiche ________________. Frauen, zugewanderte Fremde und ____________ hatten keine ________________.

2. Ergänze das Diagramm zu den Einwohnerzahlen von Athen.

	**Einwohnerzahlen von Athen** (um 400 v. Chr.)	40 000 Bürger 130 000 Frauen und Kinder 30 000 Zuwanderer 100 000 Sklaven

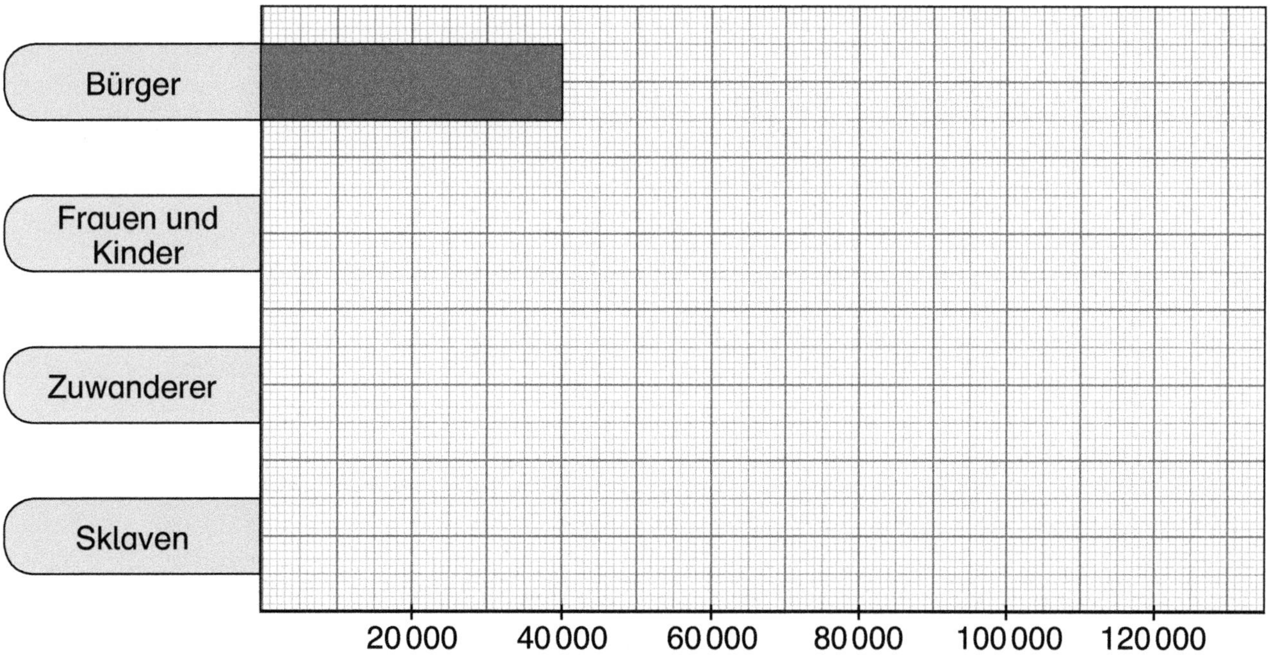

3. Die Athener nannten ihre Regierungsform Demokratie. Wie denkst du darüber? Schreibe in dein Heft.

Demokratie und Olympische Spiele – Das antike Griechenland	Name: ______________________ Datum: ______________________	

Der Hoplit – ein griechischer Fußsoldat

Griechische Hopliten waren schwer gerüstete und gefürchtete Berufssoldaten. Ihr Name ist von ihrem auffälligen runden Schild, dem Hoplon, abgeleitet. Zur weiteren Ausrüstung gehörten Helm, Chiton (= roter Leinenumhang), Brustpanzer, Beinschienen, Kurzschwert und eine bis zu 6 Meter lange Stoßlanze.

1. Ordne die Begriffe den entsprechenden Ausrüstungsgegenständen zu.

Schild – Helm – Chiton – Brustpanzer – Beinschiene – Kurzschwert – Stoßlanze

AB 1

Vom Dorf zum Weltreich – Die Römer

Name: ______________________________

Datum: ______________________________

Vorwissen und Fragen zum Thema

1. Was weißt du schon? Notiere deine Ideen zum Thema „Vom Dorf zum Weltreich – Die Römer“ in den Gedankenblasen.

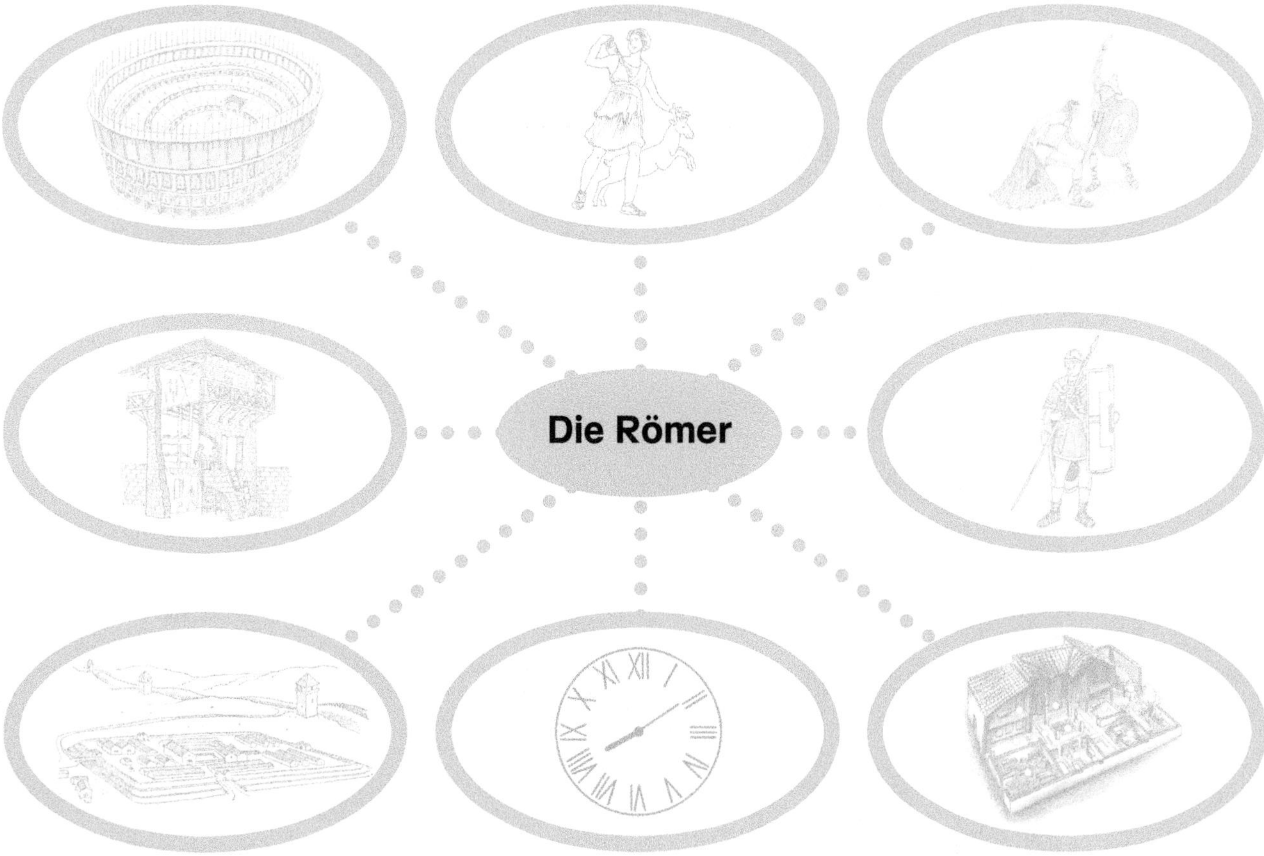

2. Was möchtest du erfahren? Formuliere Fragen zum Thema.

- *Wie waren die römischen Soldaten ausgerüstet* ?
- ______________________________ ?
- ______________________________ ?
- ______________________________ ?
- ______________________________ ?
- ______________________________ ?

AB 2

Vom Dorf zum Weltreich – Die Römer

Name: ____________________

Datum: ____________________

Vom Dorf zum Weltreich

Rom entwickelte sich von einem kleinen Stadtstaat zu einem Weltreich. Die Karte zeigt dir, wie es im Laufe der Zeit gewachsen ist.

1. Trage die Entwicklung vom Stadtstaat zum Weltreich in die Kartenskizze ein. Markiere dazu mit verschiedenfarbigen Linien die Grenzen, die das Römische Reich 600 v. Chr., 300 v. Chr. und 117 n. Chr. hatte. Schaue im Geschichtsatlas oder im Geschichtsbuch nach.

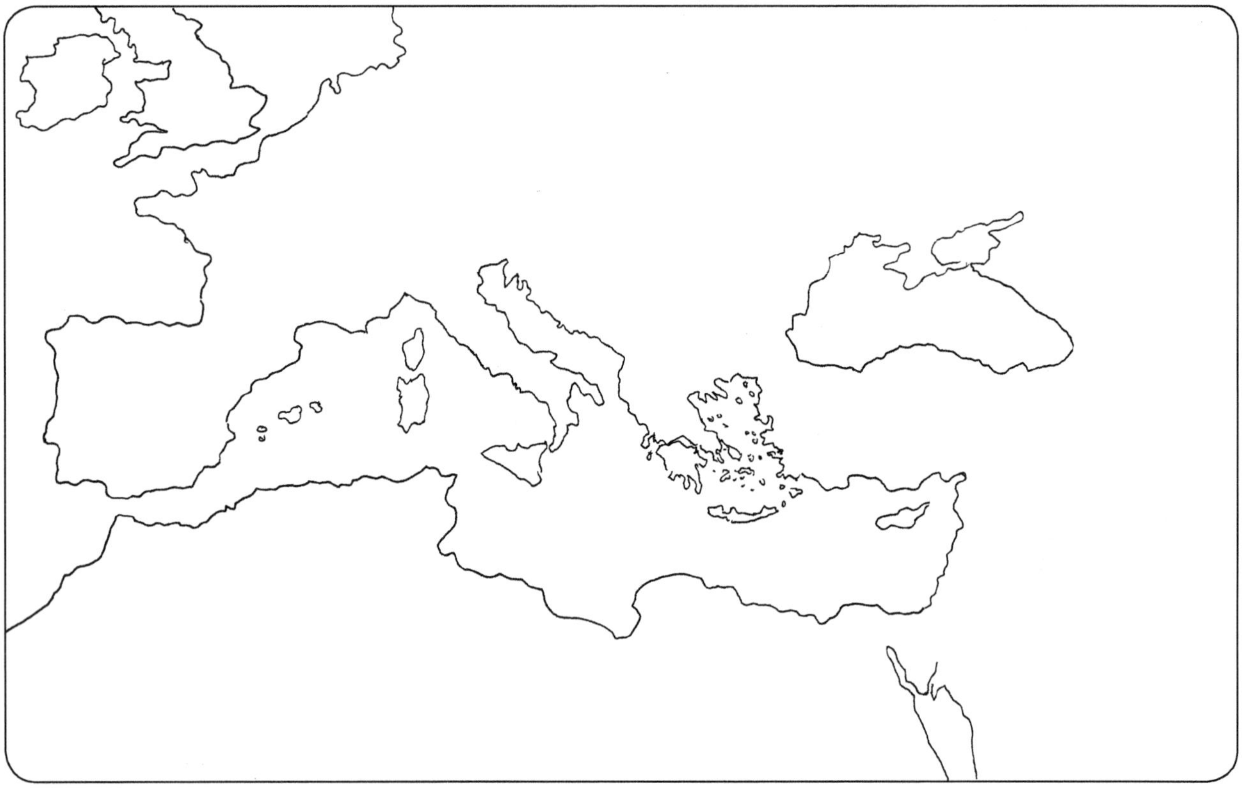

2. Über welche geografischen Bereiche erstreckte sich das Reich?

Im Westen: ____________________ Im Osten: ____________________

Im Norden: ____________________ Im Süden: ____________________

3. Die Römer herrschten über Gebiete auf drei Kontinenten. Nenne sie.

a) ____________________

b) ____________________

c) ____________________

AB 3

Vom Dorf zum Weltreich – Die Römer

Name: ______________________

Datum: ______________________

Besuch in Rom

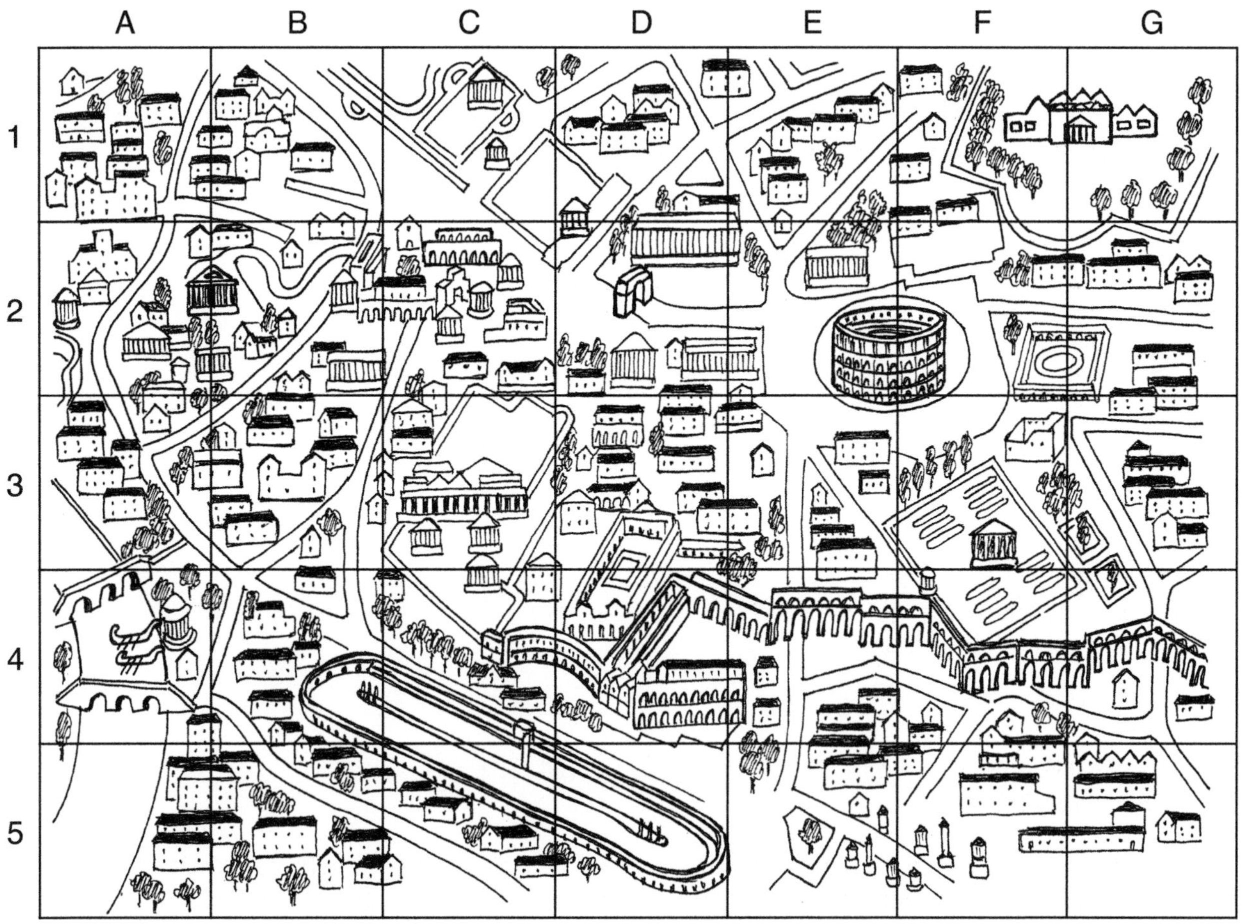

1. Suche die abgebildeten Gebäude auf dem Stadtplan. Notiere das Planquadrat und den Namen des Gebäudes.

A/B2

Tempel des Jupiter

Vom Dorf zum Weltreich – Die Römer	Name: ____________ Datum: ____________	

Im Kolosseum

1. Setze die fehlenden Begriffe in den Text ein.
2. Übertrage die Ziffern an die Markierungspunkte des Bildes.

Arena – Bereiche – Etagen – Kaiserloge – Kolosseum – Gladiatoren – Podium – Tieren – Zuschauer

Das ____________ fasste 50 000 ____________. Das Gebäude war in verschiedene ____________ eingeteilt. Es gab die ____________ ①, das ____________ ② mit der ____________ ③ und den Zuschauerraum auf drei ____________. ④ In der Arena kämpften ____________ gegeneinander oder mit wilden ____________.

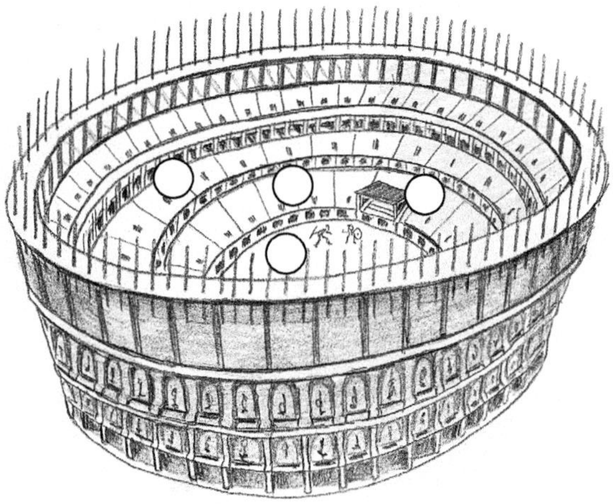

3. Wer kämpft hier gegen wen? Betrachte beide Bilder genau.

4. Verfasse zu einem Bild einen kurzen Text. Benutze dazu die folgenden Wörter:

Netzkämpfer – Helm – Schwertkämpfer – Schild – Dreizack – Lendenschurz – wildes Tier – Lanze – Lanzenfechter

____
____
____
____
____
____

Vom Dorf zum Weltreich – Die Römer	Name: ______ Datum: ______	

Die römische Villa

Ein Römer möchte seine Stadtvilla einem Ehepaar verkaufen. Der Verkäufer erklärt die Vorzüge des Hauses.

1. Unterstreiche alle wichtigen Bereiche der Stadtvilla im Text.

„Von der Straße gelangen wir in den Eingangsbereich ①. Rechts und links davon befinden sich die Läden ②. Wir kommen nun in die riesige Eingangshalle ③ mit dem Auffangbecken für Regenwasser ④. Im linken Teil sehen Sie unsere Heizung ⑤. Auf der rechten Seite liegen die Schlafräume ⑥. Geradeaus von uns ist die Wohnstube ⑦. Von hier gelangen wir in den Innengarten ⑧. Das Esszimmer ⑨ ist ganz hinten auf der rechten Seite. Im oberen Stockwerk gibt es noch weitere Schlafzimmer ⑩."

2. Beschrifte alle genannten Bereiche im Bild mit den entsprechenden Ziffern.

Vom Dorf zum Weltreich – Die Römer

Name: ______________________

Datum: ______________________

Römische Götter und ihre Bedeutung

Die Römer verehrten viele Götter. Noch heute finden wir die Namen der römischen Götter in einigen Monatsnamen unseres Kalenders wieder. Die Planeten unseres Sonnensystems tragen die Namen römischer Götter.

1. Ordne die Texte den Bildern der entsprechenden Götter zu.

Ich bin **Neptun**, Gott des Meeres. Mit meinem Dreizack bringe ich Überschwemmungen und Erdbeben.

Ich bin **Merkur**, der Götterbote. Mit Flügeln an den Schuhen trage ich die Nachrichten der Götter ins ganze Land.

Ich bin **Diana**, Göttin der Jagd, Natur und Wildnis. Zu erkennen bin ich an Bogen, Pfeilen und Köcher.

Ich bin **Juno**, die Göttermutter und Gemahlin des Jupiter. Ich bin Göttin der Heirat und Beschützerin der Ehe.

Ich bin **Venus**, Göttin der Liebe. Ich verleihe Schönheit und gebe Fruchtbarkeit.

Ich bin **Jupiter**, König aller Götter. Als Herr über Blitz und Donner beherrsche ich Himmel und Erde.

Ich bin **Mars**, Gott des Krieges. Mein Aussehen mit Rüstung und Waffen macht mich überall unbeliebt.

Ich bin **Pluto**, Gott der Toten. In meinem Totenreich werde ich von meinem Hund begleitet.

2. Finde heraus, wie diese Götter bei den Griechen hießen. Lege für deinen Vergleich eine Tabelle in deinem Heft an.

Vom Dorf zum Weltreich – Die Römer	Name: ______________________ Datum: ______________________	

Der römische Legionär

1. Setze die fehlenden Begriffe in den Text ein und unterstreiche die Ausrüstungsgegenstände des Legionärs.

Armee – Bewaffnung – Helm – Kettenhemd – Ledersandalen – Militärdienst – Brustpanzer – Wurfspeer

Ein Legionär musste mindestens 1,75 m groß sein. Er trug einen Umhang, darüber ein Halstuch und den __________. Seine Bewaffnung bestand aus einem ________________, einem Kurzschwert, einem Dolch und einem Schild. Legionäre trugen genagelte ______________________. Essen, Kleidung und Waffen wurden von der ______________ gestellt. Für ihren ______________________ wurden Legionäre gut bezahlt. Kleidung und ______________________ der römischen Legionäre und Hilfstruppen haben sich im Laufe der Zeit immer wieder verändert. Lederpanzer und ____________________ ersetzten schließlich den ________________________ aus Metall.

2. Trage die Begriffe in das Schaubild ein.

AB 8

Vom Dorf zum Weltreich – Die Römer	Name: ______ Datum: ______	

Die Römer in Germanien

Das Römische Reich war durch die Flüsse Rhein und Donau abgegrenzt. Dazwischen errichteten die Römer einen Grenzwall, den Limes.

1. Trage folgende Begriffe in die Kästchen ein:

Römisches Reich – Germanisches Gebiet

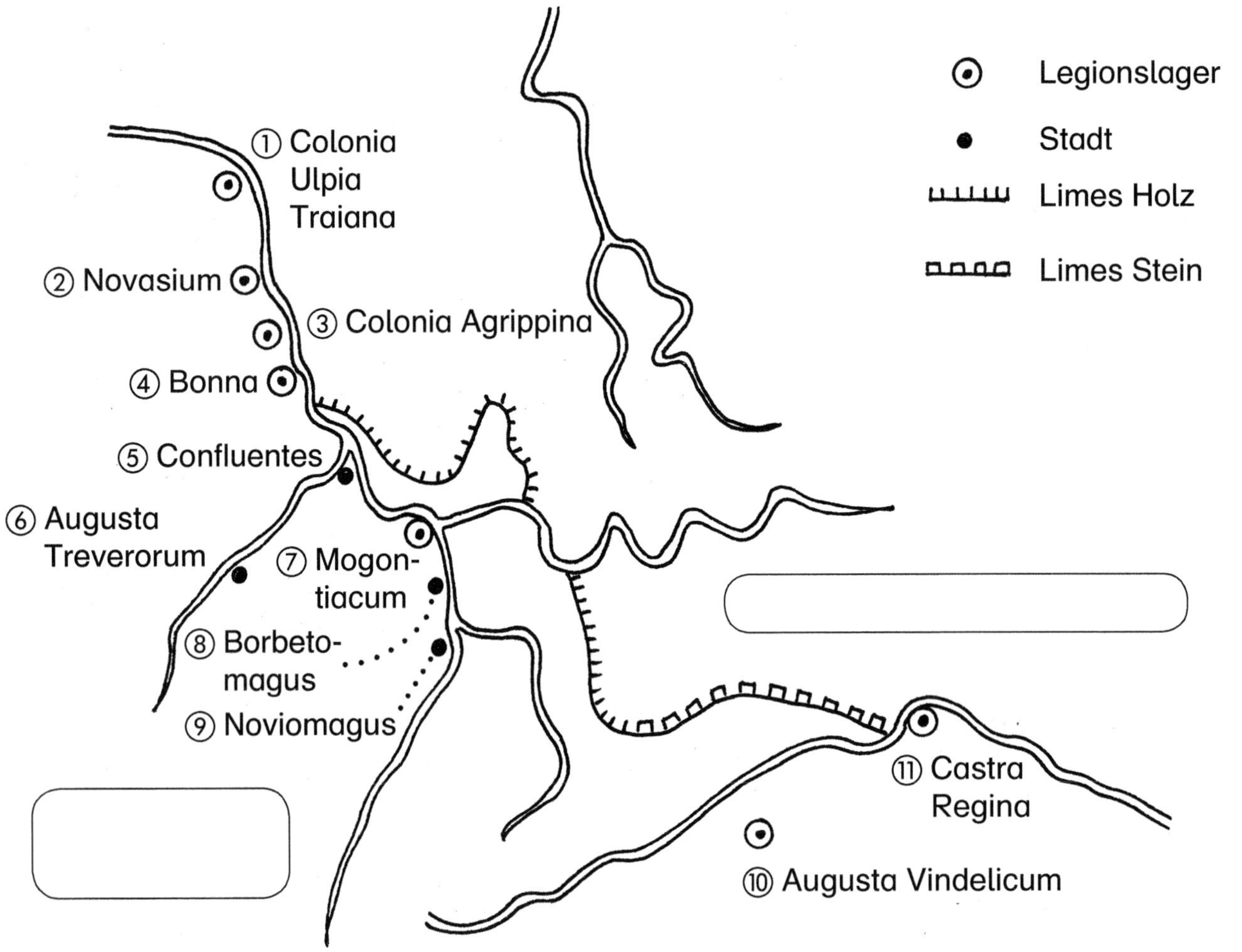

2. Wie heißen diese Orte heute? Hilfen findest du im Atlas. Trage die Namen ein.

① ______ ⑤ ______ ⑨ ______
② ______ ⑥ ______ ⑩ ______
③ ______ ⑦ ______ ⑪ ______
④ ______ ⑧ ______

3. Durch welche heutigen Bundesländer verlief der römische Grenzwall?

______
______

AB 9

Vom Dorf zum Weltreich – Die Römer	Name: ____________________ Datum: ____________________	

An der Grenze

1. Setze die Begriffe in die Zeichnung ein:

Graben – Erdwall – Wachturm – Palisadenzaun – Kastell

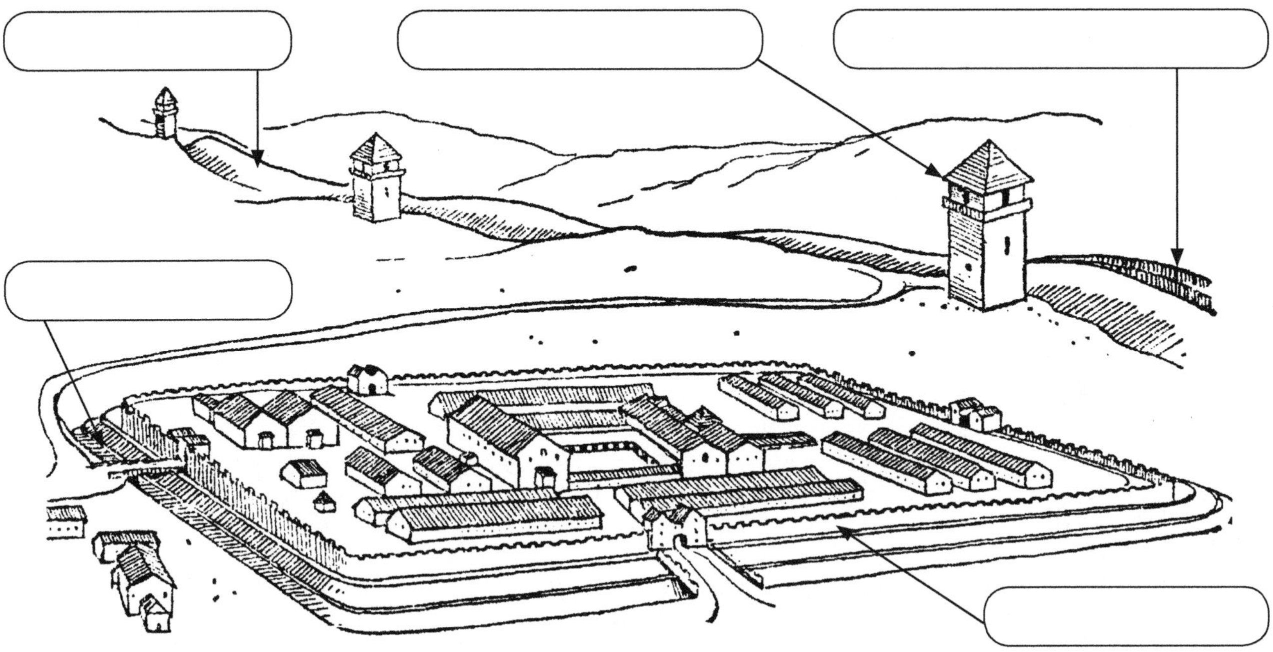

2. Ein römischer Legionär berichtet. Trage die fehlenden Begriffe in den Text ein.

Haupttore – Wachtürme – Mannschaften – Verwaltungsgebäude – Graben –
Mauer – quadratische – Waffenkammer – Kommandeurs

„Unsere Lager hatten eine ____________________ Form.

Umgeben waren sie von einem ________________ und einer ________________ .

Es gab zwei große ____________________ mit mehrgeschossigen Türmen und zwei Nebentore.

An den Ecken standen ____________________ .

Im Lager befanden sich die Wohnung des ____________________ , die Baracken für die ____________________ und das ____________________________________ .

Dazu gab es das Fahnenheiligtum, die ______________________ und Vorratsspeicher.“

AB 10

Vom Dorf zum Weltreich – Die Römer	Name: ______ Datum: ______	

Ein römischer Wachturm

1. Lies den Informationstext und übertrage die entsprechenden Begriffe in die Zeichnung.

Die Römer errichteten am Limes zum germanischen Gebiet Wachtürme. Ein solcher Turm war etwa 12 Meter hoch und bis zu 6 Meter breit. Vier bis fünf Grenzsoldaten hatten hier Dienst. Der Eingang lag im ersten Stockwerk. Er wurde über eine Leiter erreicht. Diese konnte wieder eingezogen werden.
Im ersten Stockwerk war der Wach- und Ruheraum. Darunter lag der Vorratsraum.
Im obersten Stockwerk befand sich der Umlauf. Von dort hatten die Wachen einen guten Überblick. Näherten sich Feinde, so warnten die Soldaten durch Signalhörner oder Rauchzeichen.
Der Wachdienst war oft sehr langweilig. Nur wer zur Wache eingeteilt war, musste aufpassen. Die anderen Soldaten konnten sich ausruhen, miteinander spielen oder Essen kochen.

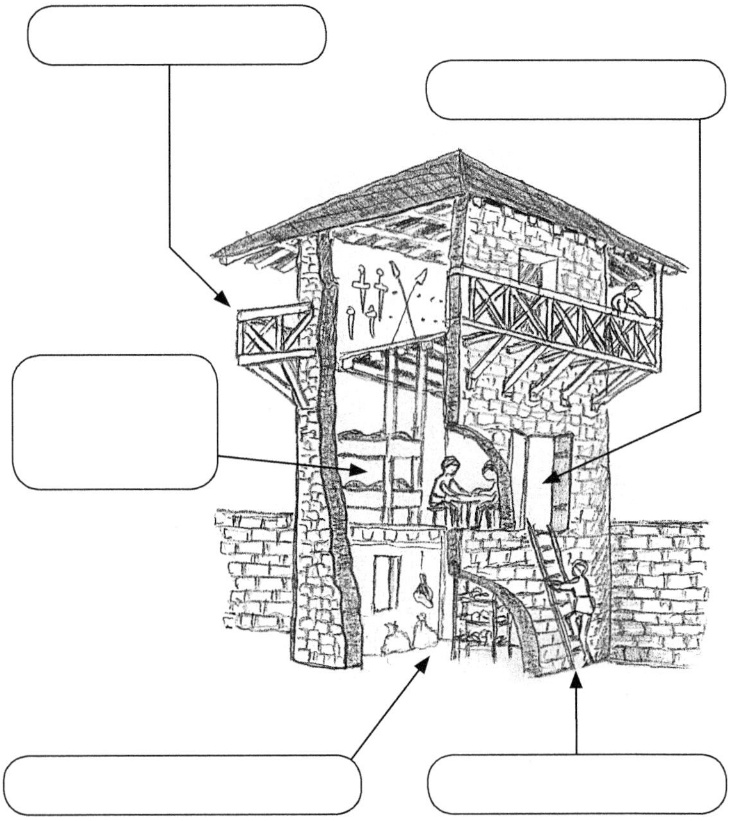

2. Beantworte die Fragen.

Wie groß war ein Wachturm? ______

Wo lag der Eingang? ______

Wie gelangte man in den Turm? ______

Wie viele Soldaten lebten dort? ______

Wo befand sich der Vorratsraum? ______

Was taten die wachfreien Soldaten? ______

Wo hatten sie den besten Überblick? ______

Wie warnten sie bei Gefahr? ______

AB 11

Vom Dorf zum Weltreich – Die Römer	Name: ______ Datum: ______	

Tauschhandel mit den Germanen

Der römische Händler Marius erzählt von seinen Handelsgeschäften in den germanischen Provinzen:

„Mein Wagen ist immer voll beladen. Mit Weinfässern, bunten Glasperlen, Schalen, Keramikkrügen, feinen Stoffen, Gefäßen mit Öl und vielen Gewürzen. Wenn ich nach Hause fahre, dann habe ich meinen Wagen wieder voll beladen. Es sind Waren, die ich in den römischen Städten verkaufen kann. Dazu gehören: Felle, Bernstein, Säcke mit Gänsefedern, Honig und Frauenhaar.“

1. Welche Waren erkennst du auf dem Bild?

______

______

______

2. Welche Waren tauschte der Händler von den Germanen ein? Was erhielten die Germanen dafür? Fülle dazu die folgende Tabelle aus.

Tauschwaren der Römer	Tauschwaren der Germanen

Vom Dorf zum Weltreich – Die Römer

Name: ______________________

Datum: ______________________

Römische Spuren

Viele Wörter in unserer Sprache weisen auf die Römer hin.

1. Finde heraus, welche Wörter zu den Abbildungen passen.

villa – strata – carrus – vinum – porta – cista – fenestra – moneta

______________ ______________ ______________ ______________

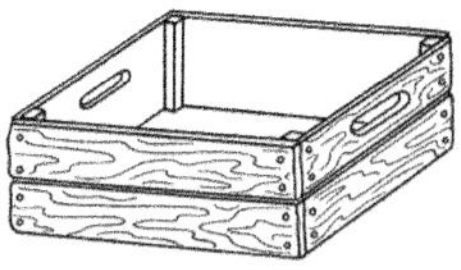
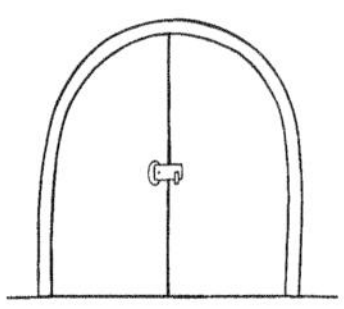
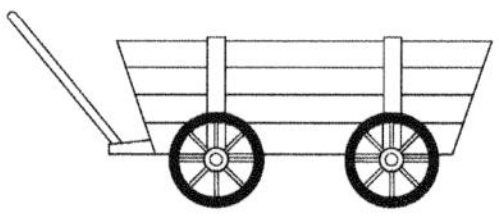

______________ ______________ ______________ ______________

Auch römische Zahlen finden wir in unserem Alltag.
Sie haben aber keine so große Bedeutung wie die lateinische Schrift.

1	2	3	4	5	10	50	100	500	1000
I	II	III	IV	V	X	L	C	D	M

Regeln zur Bildung römischer Zahlen

1. Es stehen nie mehr als 3 gleiche Zahlen hintereinander.
2. Kleinere Ziffern rechts neben einer größeren Ziffer werden addiert (z. B. CXV = 100 + 10 + 5 = 115).
3. Kleinere Ziffern links neben einer größeren Ziffer werden subtrahiert (z. B. XC = 100 – 10 = 90).

2. Wie weit ist es zu den Sehenswürdigkeiten? Übersetze die römischen Zahlzeichen.

Kolosseum XV km

Thermen XXIII km

Hippodrom XL km

Hafen LXIV km

______________ ______________ ______________ ______________

3. Gib die Jahreszahlen an.

IX Schlacht im Teutoburger Wald

DCCLIII Gründung der Stadt Rom

CXVII Größte Ausdehnung des Römischen Reichs

CDLV Die Vandalen erobern Rom.

Rolf Breiter/Karsten Paul: Geschichte handlungsorientiert: Vorzeit und Antike

Vom Dorf zum Weltreich – Die Römer

Name: ______________________

Datum: ______________________

Römisches Mosaik

Die Römer verzierten ihre Wohnungen und öffentliche Gebäude mit Mosaiken.
Häufig fanden sich darauf Tiermotive.

1. Stelle selbst ein solches Mosaik her. Die Bauanleitung zeigt, wie es geht.

Du benötigst: Kachelsteinchen, Klebstoff, Stift, Gips, Unterlage, Leisten, Wasser.

Erstelle zuerst einen Rahmen für dein Mosaik. Die Kacheln kannst du in ein Tuch wickeln und dann mit dem Hammer zerkleinern.

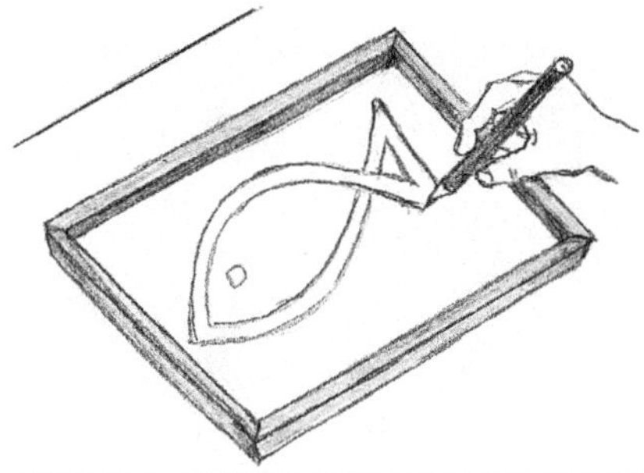

Zeichne einen Entwurf auf die Unterlage.

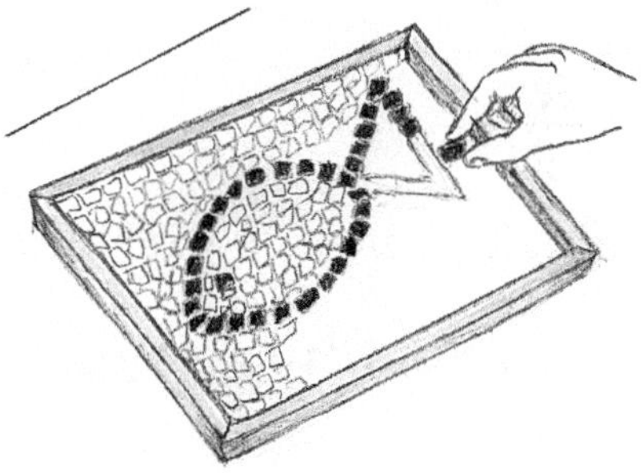

Klebe die Kachelstückchen auf die Unterlage.

Verfuge die Lücken zwischen den Kacheln mit Gips.

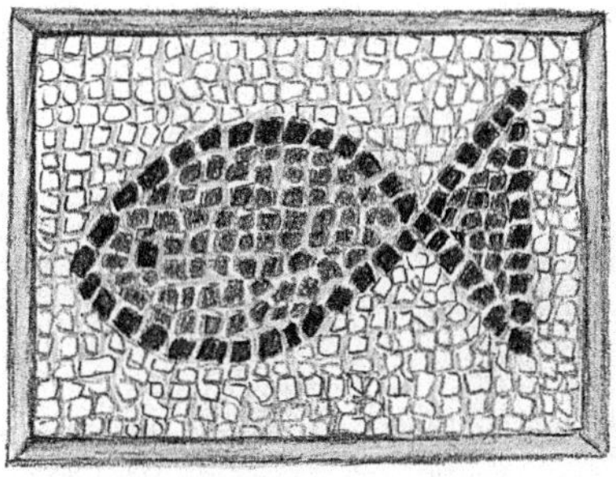

Wenn du nicht mit Kacheln arbeiten willst, kannst du auch ein Mosaik aus bunten Pappquadraten kleben.

Quellenverzeichnis

Literatur

Benes, J. / Burian, Z.: Tiere der Urzeit. Hanau: Verlag Werner Dausien, 1990.
Berger, T. / Berger, A. (Hg.): Entdecken und Verstehen 1. Frankfurt: Hirschgraben Verlag, o.J.
Breiter, R. / Paul, K.: Zeiten 1 (Lehrerhandreichungen).Troisdorf: Bildungsverlag Eins, 2002.
Breiter, R. / Paul, K.: Zeiten 1. Troisdorf: Bildungsverlag Eins, 2004.
Breiter, R. / Paul, K.: Praxisbuch Zeiten 1. Troisdorf: Bildungsverlag Eins, 2006.
Dellmann, G. / Grandt, G.: Wir und unsere Vergangenheit. Arbeitsmappe für Geschichte. Nr.1. Bochum: Stockmann, o. J.
Dellmann, G. / Grandt, G.: Wir und unsere Vergangenheit. Arbeitsmappe für Geschichte Nr. 2. Bochum: Stockmann, o. J.
Derichs, J. / Derichs, A.: Durchblick 5/6. Braunschweig: Westermann, 2008.
Donat, P.: Rund um die Archäologie. Berlin: Kinderbuchverlag, 1988.
Eck, G. / Neumann, H.-M. / Schmid, C.: Terra. Bd. 1. Leipzig: Klett, 2008.
Eichhorn, F. / Eichhorn, A.: Trio 5/6. Braunschweig: Schroedel, 2008.
Eichhorn, F. / Jäckel, K. / Kolb, K.-H. / Kolb, A.: Trio 5/6. Hannover: Schroedel, 2008
Geschichte lernen. Jg. 3. Heft 16 (Alltag im antiken Athen).1990.
Geschichte lernen. Jg. 6. Heft 36 (Frühe Hochkulturen).1996.
Geschichte lernen. Jg. 14. Heft 82 (Altes Ägypten). 2001.
Hell, K. / Kirch, P.: Unterrichtsbaustein OKTOPUS. Bei den Römern. Weltmacht am Mittelmeer. Gotha: Klett-Perthes, 1999.
Hellmann, K.: Gemeinsam in die Steinzeit. Braunschweig: Westermann, 2001.
Klenner, A. / Witt, D.: Lernwerkstatt. Mit dem Fahrstuhl in die Zeit der Griechen. Kerpen-Buir: Kohl, 2004.
Knoch, P.: Spurensuche Geschichte. Vorgeschichte und Mittelalter. Stuttgart: Klett, 1994.
Kohl, R. / Quast, M. / Schrödel, T.: Lernwerkstatt. Mit dem Fahrstuhl in die Römerzeit. Kerpen-Buir: Kohl, 2004.
Pfeiffer, K.: Die alten Griechen. Düren: Stolz-Verlag, 2000.
Praxis Geschichte. Jg. 2. Heft 2 (Römer am Rhein). 1988.
Praxis Geschichte. Jg. 7. Heft 6 (Römisches Reich). 1993.
Praxis Geschichte. Jg. 12. Heft 6 (Römische Legionäre). 1998.
Praxis Geschichte. Jg. 22. Heft 3 (Olympia – Die Welt der Griechen). 2008.
Probst, E.: Deutschland in der Steinzeit. München: Bertelsmann, 1991.
Seeberger, F.: Steinzeit selbst erleben. Stuttgart: Theiss-Verlag, 2002.
Staatliches Museum für Vorgeschichte Oldenburg (Hg.): Experimentelle Archäologie. Oldenburg: Verlag Isensee, 1990.
Stephan-Kühn, F.: Viel Spaß mit den Römern. Würzburg: Arena, 1984.
Tewes-Eck, R. / Dunkel, E.: Ur- und Frühgeschichte. Paderborn: Schöningh, 2003.

Internetquellen

Spurensuche – Historisches Wissen
http://de.wikipedia.org/wiki/Arch%C3%A4ologie
http://www.archaeologie-online.de/
http://www.landschaftsmuseum.de/index1.htm

Jäger und Sammler – Die Altsteinzeit
http://de.wikipedia.org/wiki/H%C3%B6hlenmalerei
http://www.lascaux.culture.fr/#/de/00.xml
http://www.museum-grosskrotzenburg.de/illustration/vorgeschichte.html#
http://www.urgeschichte.de/artikel/museum/museum01.htm
http://www.lebendigesteinzeit.de/
www.afm-oerlinghausen.de
www.neanderthal.de
http://www.seilnacht.tuttlingen.com/Lexikon/Hoehlen.htm

Quellenverzeichnis

http://www.urgeschichte.de/artikel/museum/museum01.htm
http://www.swr.de/steinzeit/bhtml/Altsteinzeit.html

Ackerbauern und Viehzüchter – Die Jungsteinzeit
http://de.wikipedia.org/wiki/Jungsteinzeit
http://de.wikipedia.org/wiki/%C3%96tzi
http://www.urgeschichte.de/artikel/museum/museum01.htm
http://www.mgl-obermaingeschichte.de/Beilage1992/Text/92KapII3.htm
www.landschaftsmuseum.de/Seiten/Lexikon/Neolithikum.htm
www.wikipedia.org/wiki/Jungsteinzeit
http://www.iceman.it/de/oetzi-der-mann-aus-dem-Eis
http://www.landschaftsmuseum.de/Seiten/Lexikon/Pfeil_Bogen-Oetzi.htm
http://online-lernen.levrai.de/geschichte_uebungen/jungsteinzeit/04_leben_in_der_jungsteinzeit_uebung.htm

Metalle finden und verarbeiten – Die Metallzeit
http://de.wikipedia.org/wiki/Bronzezeit
http://de.wikipedia.org/wiki/Himmelsscheibe_von_Nebra
www.swr.de/steinzeit/bhtml/Eisenzeit.html
www.landschaftsmuseum.de/Seiten/Lexikon/Bronzezeit.htm
http://www.himmelsscheibe-erleben.de/
www.kinderzeitmaschine.de/vorgeschichte/kultur/vorgeschichte/epoche/eisenzeit.html
http://palkan.de/ge-bronzezeit.htm

Land am Nil – Das alte Ägypten
http://de.wikipedia.org/wiki/Altes_%C3%84gypten
http://de.wikipedia.org/wiki/Pyramiden_von_Gizeh
http://de.wikipedia.org/wiki/Pharao
http://de.wikipedia.org/wiki/%C3%84gyptische_Hieroglyphen
http://www.aegyptisches-museum-berlin-verein.de/c32.php
http://www.kindernetz.de/infonetz/thema/pharaonen/-/id=22464/sqkjss/index.html
www.selket.de/hochkultur-aegypten.html
www.blinde-kuh.de/egypten/
www.pharaonen.info

Demokratie und Olympische Spiele – Das antike Griechenland
http://de.wikipedia.org/wiki/Hoplit
http://kiwithek.kidsweb.at/index.php/Antikes_Griechenland
www.blinde-kuh.de/catalog/kulturen-griechen.html
http://olympia.hessonline.de/
http://www.swr.de/schaetze-der-welt/-/id=5355190/cat=1/pic=4/nid=5355190/did=6362742/pv=gallery/cllals/index.html
http://terra-x.zdf.de/ZDFde/inhalt/4/0,1872,2149412,00.html?dr=1
http://www.greek-gods.info/deutsch/antikes-griechenland/
http://www.olympia-lexikon.de/Olympische_Spiele_der_Antike

Vom Dorf zum Weltreich – Die Römer
http://de.wikipedia.org/wiki/R%C3%B6misches_Reich
http://de.wikipedia.org/wiki/Gladiator
http://de.wikipedia.org/wiki/R%C3%B6mische_Legion
http://de.wikipedia.org/wiki/Kolosseum
www.apx.lvr.de/roemermuseum/rundgang/entstehungsgeschichte.htm
http://www.museum-grosskrotzenburg.de/limes
www.limesseiten.de
www.meinebibliothek.de/Texte/html/gladiatoren.html
www.denkmalpflege-hessen.de/Archaeologie/Welterbe_Limes_in_Hessen/Limes/limes.html
www.kidsnet.at/sachunterricht/roemer_fr.htm
http://www.medienwerkstatt-online.de/lws_wissen/vorlagen/showcard.php?id=12787&edit=0

Quellenverzeichnis

Bildquellen

S. 10: Schädelfund © Rolf Breiter

S. 11: Freigelegtes Skelett © „Landesamt für Denkmalpflege und Archäologie“, Frank Schulze; Fundort: Rothenschirmbach

S. 13: Knochen-Puzzle © Rolf Breiter

S. 14: Tiere der Eiszeit (ohne Riesenhirsch) © Rolf Breiter / Karsten Paul

S. 17: Anfertigung Lederbeutel © Rolf Breiter

S. 18: Foto Spritzzeichnung / Bilder Steinzeitkunst a–d © Rolf Breiter

S. 20: Grundriss Haus der Jungsteinzeit © Rolf Breiter

S. 22: Hausbau Jungsteinzeit © Karsten Paul

S. 24: Backtag © Karsten Paul

S. 26: Foto Tongefäße © Rolf Breiter

S. 29: Bergwerk Metallzeit © Karsten Paul

S. 33: Himmelsscheibe von Nebra
http://commons.wikimedia.org/wiki/File:Nebra_Scheibe.jpg#file
© Dbachmann via Wikimedia Commons. This file is licensed under the Creative Commons Attribution-Share Alike 3.0 Unported license.

S. 36: Flagge Ägypten
http://commons.wikimedia.org/wiki/File%3AFlag_of_Egypt.svg
© Open Clip Art (From the Open Clip Art website.) [see page for license], via Wikimedia Commons. This file is from the Open Clip Art Library, which released it explicitly into the public domain, using the Creative Commons CC0 1.0 Universal Public Domain Dedication.

S. 40: Machtverteilung im alten Ägypten © Rolf Breiter

S. 41: Handwerker im alten Ägypten © Rolf Breiter

S. 43: Hieroglyphen © Rolf Breiter / Karsten Paul

S. 43: Kartusche Kleopatra © Rolf Breiter

S. 45: Anubis und Sennedjem
http://commons.wikimedia.org/wiki/File%3AAnubis_attending_the_mummy_of_Sennedjem.jpg
© self (website) [Public domain or Public domain], via Wikimedia Commons

S. 48: Vasen-Puzzle © Rolf Breiter

S. 49: Foto Öllampe © Rolf Breiter

S. 51: Wettkämpfer und Schiedsrichter © Rolf Breiter / Karsten Paul

S. 52: Greek vase with runners at the panathenaic games 530 b.c.
http://commons.wikimedia.org/wiki/File:Greek_vase_with_runners_at_the_panathenaic_games_530_bC.jpg
© This file is licensed under the Creative Commons Attribution 2.5 Generic license

S. 59: Römische Villa © Karsten Paul

S. 67: Römisches Mosaik
http://commons.wikimedia.org/wiki/File%3AByzantinisches_Mosaizist_des_5._Jahrhunderts_002.jpg
© Byzantinischer Mosaizist des 5. Jahrhunderts [Public domain], via Wikimedia Commons

Jederzeit optimal vorbereitet in den Unterricht?

»